て

結構答えられないかも…
そんな方も多いのではないでしょうか？

でも毎日忙しくて
勉強する時間がないよ…

今さら人に聞くのも
恥ずかしいし…

ネットで調べても
意外とよく
わかんないんだよなぁ…

そんな ≫ あなたに

\ 結論 /

本書がオススメです

本書は、
忙しいビジネスパーソンのために
気になるギモンに
結論から答える書籍です。

本書の3つの強み

今さら聞けない＆
今知っておきたい
知識を1冊でカバー！

気になるギモンを
結論から答える構成なので
サクサクわかる！

いつでもどこでも
サッと開いて読める
コンパクト設計！

本書を使えば…

SITUATION *01*

毎日の
通勤時間で…

SITUATION *02*

ニュースを見ながら
気になった時に…

SITUATION *03*

夜寝る前
スマホをいじる
かわりに…

＼ いつでも＆どこでも ／

知識を高速インストール！

さあ、デキる大人に
アップデートしましょう 》》》

政治のわからないことを結論から教えてくれる本

監修 塚本哲生

Gakken

1章 国家

2章 政治

3章 政策

4章 選挙

5章　政党

6章　憲法・法律

7章　国際

8章 安全保障

9章 人権

※本書は『ハンドブック　政経の要点整理』をもとに大幅改訂を加えたものです。

本書の見方

気になるギモンに結論からスマートに答える構成になっています。

Qの部分で今さら聞けない政治のギモンを豊富に扱っています。

自民党とはどんな政党？

結論
自由主義を掲げる保守政党。1955年に結成され、長い間政権を担っている。

さらに細かく気になるギモンについても、結論から要点をチェックできます。

Q30-1 自民党はどうやってできたの？

結論 1955年、**自由党と日本民主党が合同して結成**された。

― 自民党の一党優位が続いた55年体制

終戦以降、政党は離合集散しましたが、1955年に分裂していた**日本社会党**の右派と左派が合同しました。これに対し**2つあった保守政党（自由党と日本民主党）も合同し（保守合同）、自由民主党（自民党）**を結成しました。ここに、保守の自民党と革新の社会党という二大政党の対立の枠組みができました。これを55年体制といいます。

▼ 主な政党の移り変わり❶

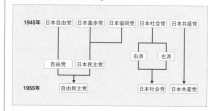

9 2

気になる単元だけ
読んでも

まず結論部分だけ
読んでも

キーワードやポイントを深掘りするコーナーもあるので重要事項をチェックできます。

－ 55年体制の特徴

55年体制の特徴は、**政権交代のない自民党の一党優位体制が続いたこと**であった。社会党の勢力は、自民党のほぼ半分しかなかった。共産党も議席をもっていたが、勢力は大きくなかった。

－ 55年体制の崩壊へ

1960年代からは多党化の流れが起こり、公明党など新しい党が次々と生まれました。しかし自民党の一党優位体制は続きます。その後、1980年代後半から90年代初め、リクルート事件・佐川急便事件など政治家（主に自民党）が関わる汚職事件が頻発しました。そこで「政治改革」の機運が高まります。

1993年の衆議院選挙で自民党は過半数を割り、「政治改革」をかかげる非自民連立政権（首相は日本新党の細川護煕）が誕生し、55年体制は崩壊しました。

▼ 主な政党の移り変わり❷

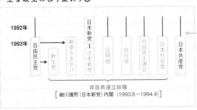

非自民連立政権
［ 細川護煕（日本新党）内閣 (1993.8～1994.4)］

図やグラフでもさらに理解を定着！

5章 政党 — Q30 自民党とはどんな政党？

ライフスタイルにあわせて使い倒しましょう！

じっくり順番通り読んでも

どれでもOK!

1 章

国家

この章で扱う主なTOPIC

Q01

どうして民主政治が必要なの?

結論

王が**権力によって民衆を虐げる**のを防ぐため。

Q01-1 昔はどうやって政治が行われていたの?

結論 **王が神から権力を与えられた**とされ、民衆に対して何をしてもよいとされた。

─ 王の力は神の力と同じと考えられていた

近代国家は16〜18世紀、専制的な王が支配する中央集権的な**絶対主義国家**(絶対王政)として成立しました。絶対主義国家とは、すべての権力を王がもち、思うままの政治を行う国です。そこでは、**王の権力は神から与えられた**と説明されていました。このような主張を**王権神授説**といいます。

▼ 王権神授説の考え方

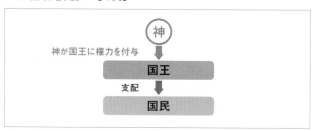

神から授けられた王の力は神の力と同じであり、無制限・無制約と考えられました。その結果、王は何をしても自由であり、わがままな政治が、つまりは**圧制**や**人権侵害**が許されました。

> **結論** **社会は人々の契約でできている**という「社会契約説」
> が唱えられ、広く受け入れられていった。

国家は人々の約束でできている

社会契約説とは、**社会（国家）は人々の契約（約束）によっ
てできている**という考え方です。王権神授説に基づく圧制や
人権侵害をやめさせたい人々によって主張されました。

▼ 社会契約説の考え方

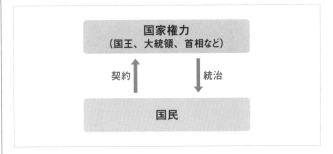

国家は人々の約束でできているという社会契約説の説明か
ら、以下の3点が導かれました。

POINT

社会契約説の結果

❶王（or大統領など為政者）も約束で決められた範囲でしか力
をもてない→王権（権力）も**無制限・無制約ではない。**

❷約束でできた国だから、政治は、約束した人々の意思
に従い行われるべきである。→**国民主権**

❸約束の当事者として人々は当然に大切にされる。→**基本
的人権の尊重**

― 市民革命を経て民主政治に至る

こうして**社会契約説は、絶対王政による抑圧に不満を高めた人々がそれに対抗するための理念となり、やがて民主政治の原理となりました。**

自由な経済活動を望んだ**市民階級**（新興商工業者＝ブルジョワジー）によって、**清教徒革命**（イギリス・1642〜1649）、**名誉革命**（イギリス・1688）、**アメリカ独立革命**（1775〜1783）、**フランス革命**（1789）などの**市民革命**が引き起こされ、現代の**民主政治**の礎が築かれたのです。

▼ 為政者と国民の関係

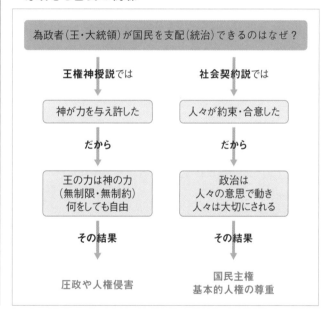

為政者（王・大統領）が国民を支配（統治）できるのはなぜ？

王権神授説では	社会契約説では
神が力を与え許した	人々が約束・合意した
だから	だから
王の力は神の力 （無制限・無制約） 何をしても自由	政治は 人々の意思で動き 人々は大切にされる
その結果	その結果
圧政や人権侵害	国民主権 基本的人権の尊重

「国家」ってどうやって成立しているの?

結論

国民・領域・主権という国家の三要素が必要。

Q02-1 領域って具体的に何?

結論 陸(領土)と海(領海)と空(領空)からなる。

— 領域＝領土・領海・領空

国家には、国民・領域・主権の3つの要素(**国家の三要素**)が必要です。「国民」とは国家を構成するメンバー、「領域」とは**領土・領海・領空**からなるエリア、「主権」とは領域と国民を統治する力をさします。

POINT

— 領土・領海・領空とは

❶**領土**…国家が領有する陸地。

❷**領海**…沿岸から12海里まで。1海里＝1852 m。

❸**排他的経済水域**…領海の外側には、沿岸から**200海里**まで**排他的経済水域**(EEZ)が設定されている。このエリアは漁業資源や鉱物資源などの権利を沿岸国がもつが、一方で領海(領域)ではないため、他国船の侵入、通過をこばむことはできない。領海や排他的経済水域については、国連海洋法条約で定められている。

❹**領空**…領土と領海の上空をさす。ただし、宇宙空間(大気圏外)は含まれず。

▼ 領域の範囲

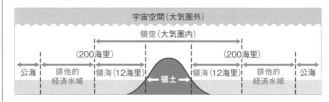

Q02-2 主権ってどういう意味？

> **結論** 国家の三要素としての「主権」は、**主に立法権・行政権・司法権など国家の統治権**を指す。

― 主権には3つの意味がある

16世紀のフランス法学者ボーダンは主著『国家論』で主権を以下の**❶**～**❸**のように理論づけました。**国家の三要素の主権は主に❶の意味**です。

IMPORTANT

― 主権の意味

❶立法権・行政権・司法権など国家の統治権：憲法では第41条で「国会は国権（＝主権）の最高機関であって…」と記載されている。

❷国の政治のあり方を最終的に決定する力（国政の最終決定権）：憲法では前文で「主権が国民に存することを宣言し、…」と記載されている。

❸国家権力の最高独立性[*1]：憲法では前文で「自国の主権を維持し、他国と対等関係に…」と記載されている。

---

*1　最高独立性とは、国家権力が国内において最高であり、また対外的に独立していて他国の干渉を受けない性質をいう。

Q03

王国や共和国は
誰が国を治めているの?

結論

王国は**王**が、共和国は**選挙で選ばれた代表者**が治めている。

Q03-1 共和国ってどんな国?

結論 **共和制で政治が行われている国**である。フランス共和
国、ドイツ連邦共和国などが例として挙げられる。

— 共和制の反対は君主制

共和国は**共和制**の国家です。**共和制とは、選挙で選ばれた
個人あるいは集団によって国が代表され、統治される政治形
態**をいいます。それに対して、**世襲の単独の君主が支配す
る仕組みを君主制**といい、**君主制**の国を**君主国**といいます。
君主は王、国王、皇帝などと呼ばれ、それにあわせて各国
は王国と名乗ったり、帝国と名乗ったりしてきました。

▼ 君主制と共和制の違い

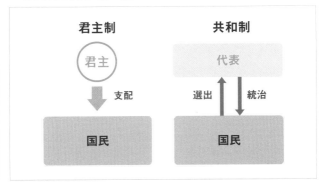

Q03-2 王国の王と首相はどちらが偉いの？

結論 国を代表するのは王なので、そのような意味では王の方が偉いといえる。

— 現代国家における国王の役割は儀礼的な仕事

国王は国を代表する立場であるため、その観点では首相よりもポジションとしては上にあたります。しかし一般的に、現代の王国では国王が政治にかかわることは少なく、**儀礼的な仕事を中心的に行っています**。政治的役割は首相が果たしています。

Q03-3 日本は共和国でも王国でもない？

結論 天皇は象徴であり、**国王ではないので王国ではないが、共和国と断言することもできない。**

— 立憲君主制もある

君主制や共和制のほか、**君主が憲法などの法律に基づき政治を行う仕組み**として立憲君主制というものもあります。君主の権力は無制限ではなく、**憲法による制約**を受けます。立憲君主制の代表例には以下のようなものがあります。

▼ 立憲君主制の代表例

主な国	
イギリス	デンマーク
オランダ	タイ
スペイン	（大日本国憲法下の）日本

▼ 君主制と立憲君主制の違い

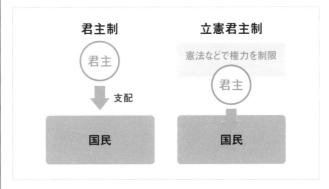

日本は、形式的には世襲の天皇が存在し、立憲君主制の体裁を残していますが、実質的には選挙を通じて示された民意で政治が行われている点で共和制と言えるでしょう。ただ、いろいろな**考え・議論があり、明確な答えはありません。**

2章

政治

この章で扱う主なTOPIC

DEMOCRACY

Q04

国会って何をするところなの?

結論

国会は❶国権の最高機関で、❷唯一、立法（法律の制定）ができる。

Q04-1 国権の最高機関ってどういうこと?

結論 国会が国民の代表で構成されているということ。

憲法で定められている国会の地位

憲法は**三権分立制**に基づき、**国会に立法権、内閣に行政権、裁判所に司法権**を与えています。国会の地位を憲法第41条は「国権の最高機関であって、国の唯一の立法機関」と規定しています。

▼ 三権分立

立法権

国会

国民の代表で構成される＝国権の最高機関

選挙

行政権　国民　司法権

内閣　世論　国民審査　裁判所

権力が集中しないように分散している

「国権の最高機関」とは国会が国民の代表で構成され、国政の中心である（国会中心主義）ということを意味しています。ただし、国会が内閣や裁判所の上に立つという意味ではありません。三権はあくまでも同格です。

— 唯一の立法機関の意味

唯一の立法機関は、二つの原則から構成されています。

IMPORTANT

— 立法機関の原則

❶国会中心立法の原則…国会しか立法はできないという原則。ただし、**両議院の規則制定権**（第58条）、**内閣の政令制定権**（第73条）、**最高裁判所の規則制定権**（第77条）、**地方公共団体の条例制定権**（第94条）という**憲法が認めた例外**がある。

❷国会単独立法の原則…国会の議決のみで立法が成立するという原則。ただし、**地方特別法の住民投票**（第95条）、**憲法改正の国民投票**（第96条）という**憲法が認めた例外**がある。

Q04-2 国会議員は何をしているの？

結論 主な仕事は**法律を立案し、それを審議すること**。

— 国会議員による法案＝議員立法

法律案は、**国会議員**または**内閣**が提出します。内閣提出の方が多く、**議員提出の法案は議員立法とよばれます**。法案は議長に提出され、委員会で審議され可決されます。

委員会では、学識経験者や利害関係者の意見を聞く**公聴会**が開かれることもあります。その後、**本会議**で審議され可決されます。さらに、もう一院で同じ過程を経て成立します。

▼ **法律制定までの流れ**

Q04-3 国会議員は逮捕されないって本当?

結論 基本的には**会期中は逮捕されない**。

― 国会議員には3つの特権がある

国会議員には、自由な活動を保障するために3つの特権があります。

POINT
― 国会議員の特権

❶**歳費特権**（第49条）…**国家から相当額の歳費（給与）を受ける**。十分な歳費がなければ、活動に支障をきたすからである。

❷**不逮捕特権**（第50条）…法律（国会法第33条）の定める場合（**院外での現行犯逮捕・議院の許諾がある場合**）を除いて、**会期中には逮捕されない**。

会期前に逮捕された議員も、所属する議院の要求があれば、会期中は釈放される。

❸免責特権（第51条）…**院内での発言や表決について、院外で民事や刑事の法的責任を問われない**。発言に対して損害賠償を請求されては、自由な議論ができないからである。

通常国会と特別国会って何が違うの?

結論

通常国会は予算審議のため、特別国会は内閣総理大臣の指名のために開かれる。

Q05-1 そもそも国会にはどんな種類があるの?

結論 会期によって❶通常国会、❷臨時国会、❸特別国会の3種類がある。

国会の会期は3種類

国会は、一定の期間を決めて活動します。これを**会期**といい、以下の3種類があります。それぞれ、開催のタイミングや役割が異なります。

POINT

会期の種類

❶**常会（通常国会）（第52条）**…毎年1回1月に新年度の予算審議のために召集される。期間**150日**。

❷**臨時会（臨時国会）（第53条）**…内閣またはいずれかの議院の**総議員の4分の1以上の要求**により、臨時に召集される。

❸**特別会（特別国会）（第54条1項）**…衆議院の解散後、総選挙から30日以内に内閣総理大臣の指名のために召集される。

> **結論** **衆議院の解散中に緊急で必要なとき**には、緊急集会が開かれる。

緊急集会の決議には衆議院の同意が必要

3つの会期以外で、衆議院の解散中に、国に緊急の必要がある場合に内閣の求めで開かれる**参議院の緊急集会**（第54条2項）があります。

ただしここで決めたことは後日（**国会開会後10日以内**）、**衆議院の同意**が得られなければ効力を失います。

· KEYWORD

委員会制度

なお、日本の国会では**委員会制度**が採用されている。議員はいずれかの委員会に所属し、実質的な審議は本会議ではなく委員会（委員会中心主義）で行う。

委員会には常設の**常任委員会**と、特別な必要性で会期ごとに設置される**特別委員会**がある。

常任委員会には予算をはじめ国政全般を審議する**予算委員会**、そして議事の日程などを決める**議院運営委員会**などがある。

Q06

衆議院と参議院って どういう役割の違いがあるの?

結論

衆議院には**予算や法律で優越**が認められ、参議院は**衆議院の行き過ぎを引き留める**役割がある。

Q06-1 具体的に衆議院の役割って?

結論 参議院よりも強い権限を持つ第一院として、**内閣不信任決議**など、**内閣の存続に影響力を及ぼし、行政権を監督**する。

― 二院制の意義は?

国会は**二院制**をとり、**衆議院**と**参議院**で構成されています。二院制の長所として、**❶慎重・丁寧な審議が期待できる**、**❷選挙制度の違いなどから、多様な民意を議会に反映させることができる**、などが挙げられます。

▼ 衆議院と参議院の違い

国　会		
衆議院		**参議院**
任期　　　4年		任期　　　6年
定数　　　465人		定数　　　248人
被選挙権　25歳以上		被選挙権　30歳以上
解散　　　あり		解散　　　なし

― 衆議院には優越が認められる

議決は両院一致により成立します。ただし、次の場合には**衆議院の優越**が認められています。

― 衆議院の優越が認められるもの

❶**法律案の議決（第59条）**…議決不一致の場合、衆議院が出席議員の3分の2以上の多数で再可決すれば成立する。この場合、**両院協議会を開くこともできるが、開かなくてもよい。**

❷**予算の議決（第60条）・条約の承認（第61条）・内閣総理大臣の指名（第67条）**…議決不一致で、**両院協議会（この場合は必ず開く）**でも意見が一致しなければ、衆議院の議決が国会の議決となる。参議院が国会休会中の期間を除いて**一定期間内（予算・条約の場合30日、総理指名の場合10日）**に議決しない時にも、衆議院の議決が国会の議決となる。

❸**予算先議権（第60条）・内閣不信任決議権（第69条）**…予算は先に衆議院に提出される。また内閣不信任決議は衆議院にしかできない。

Q06-2 参議院の役割は?

結論 衆議院で可決されたものに**問題点や行きすぎた点がないかチェック**する。

― 参議院は「良識の府」

参議院は被選挙権の年齢が衆議院よりも高く、任期も6年で解散がありません。そのため、**長期的な視点で調査・審議をすること**が求められています。また、衆議院の決めたことを精査し、正しいものにしていく役割も持っていて**「良識の府」**などと呼ばれることもあります。

Q07

内閣は
何をするところなの?

結論

行政権の主体として、**国会の決めた法律や予算に基づき仕事を進めていく。**

Q07-1 内閣と国会は何が違うの?

結論 内閣は行政権を持ち、**行政の実務を担う。**国会は立法権を持ち、**法律を制定する。**

― 内閣の権限とは?

内閣全体の権限には以下のようなものがあります。

POINT

― 内閣ができること

❶ 法律の執行（第73条）

❷ 条約の締結（第73条）

❸ 予算の作成（第73条）

❹ 政令の制定（第73条）

❺ 天皇の国事行為に対する助言と承認（第3・7条）

（国事行為の詳細は→ **Q34**）

❻ 最高裁判所長官の指名（第6条）

❼ 長官以外の最高裁判所裁判官の任命（第79条）

以上のほかに❽下級裁判所裁判官の任命（第80条）も行うが、「最高裁判所の指名した者の名簿によって（第80条）」任命することになっており、実質的な決定は最高裁が行っている。

内閣の地位と議院内閣制

憲法は、**「行政権は、内閣に属する」（第65条）と定め、内閣を行政権の主体としています。** また、内閣が議会の信任の上に成り立ち、議会に対して責任を負う**議院内閣制**を採用しています。

―― **IMPORTANT** ――――――――――――

―議員内閣制の表れ

議会と内閣が密接に結びつく議院内閣制は次のように具体化されている。

❶内閣総理大臣は**国会議員の中から指名される**（第67条）

❷国務大臣も**過半数は国会議員から**選出される（第68条）

❸内閣は**国会に対して連帯して**責任を負う（第66条）

❹衆議院は内閣を**不信任**できる（第69条）

❺内閣は衆議院を**解散**できる（第7・69条）

また、内閣総理大臣と国務大臣は議会に出席し、発言することができる。これも議院内閣制の現れといえる。

Q07-2 首相と総理大臣って同じ意味？

結論 本来「**首相**」は行政機関のトップ、「**総理大臣**」は**内閣の首長**という意味だが、日本においては同じ意味で使われている。

首相という言葉は憲法にはない

首相は法律上の名称ではありません。その言葉の本来の意味は"**行政機関のトップ**"です。古代中国で君主を支える大臣を「相」と呼び、その最上位を「首相」と表したことに由

来します。

一方、内閣総理大臣に関しては憲法で規定されており、「**内閣の首長**」として、内閣を代表する地位にあると同時に、内閣全体の統一性・一体性を確保する役割を有するとされています。首長とは、**他の大臣の上位に位置し、内閣を統率する者**を意味します。

Q07-3 天皇と総理大臣はどういう関係性?

結論 内閣総理大臣は**最終的に天皇からの任命を受ける**。

― 国務大臣は内閣総理大臣が任命する

憲法では、**内閣総理大臣は国会議員の中から国会が指名（第67条）し、天皇が任命（6条）する**と定められています。

ちなみに、国務大臣は**内閣総理大臣が任命**（第68条）し、**天皇が認証**（7条）します。その過半数は国会議員の中から選ばれます（第68条）。

解散や総辞職は
どんな時に行われるの?

結論

解散は**国会と内閣が政策で対立したとき**など。総辞職は**衆議院**
が不信任したにもかかわらず、内閣が解散しないときなど。

Q08-1 そもそも「解散」ってどういうこと?

結論 任期満了前に**衆議院議員の資格を失効させて選挙する**
こと。

解散権は内閣が行使する

議院内閣制のもとで、内閣には**衆議院の解散権**があります。
解散とは任期満了前に衆議院議員の資格を失わせ選挙をす
ることです。これは**国会と内閣が何かの政策で対立した場合**
に、選挙によって国民の判断を求める制度です。

解散にいたる流れは?

解散権は憲法**69条**と**7条**に規定されています。69条では「内
閣は、**衆議院で不信任の決議案を可決し、又は信任の決議**
案を否決したときは、10日以内に衆議院が解散されない限り、
総辞職しなければならない」と規定し、不信任を先に受けて内
閣が対抗的に衆議院を解散する場合を想定していますが、**不**
信任がなくとも7条に基づいていつでも解散できます。

― 解散までの流れ

69条

衆議院が内閣不信任決議案を可決

（または信任決議案を否決）

⇒不信任後10日以内に衆議院解散（または総辞職）

7条

内閣の助言と承認による天皇の国事行為としての解散

⇒いつでも衆議院解散

― 内閣の総辞職とは？

以下の場合、内閣は総辞職しなければなりません。

❶衆議院が内閣を不信任したにもかかわらず解散しない

　場合（第69条）

❷総理大臣が死亡などで欠けた場合（第70条）

❸衆議院総選挙後初めて国会が召集された時（第70条）

なお総辞職した場合も、国政に支障がないよう、新しい総

理大臣が任命されるまで内閣は引き続きその職務を行います

（第71条）。

Q08-2 「総選挙」ってどういうこと？

結論 **衆議院議員の全員を選ぶために行われる選挙**のこと。

小選挙区比例代表並立制（→ **Q24** ）で行われる。

― 総選挙とは

衆議院議員の全員を選ぶために行われる選挙のことを総選挙

といいます。総選挙が行われるきっかけは2種類あり、❶**衆**

議院議員の任期満了と❷**衆議院の解散**が挙げられます。

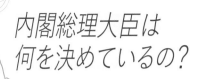

内閣総理大臣は何を決めているの?

結論

内閣のメンバーや内政、外交の方針を決める。

Q9-1 具体的に内閣総理大臣はどんな権限を持っているの?

結論 ❶**行政への指揮監督**のほか、❷**国務大臣の任命・罷免**や❸**法律などへの署名**ができる。

― 内閣総理大臣の権限とは

内閣総理大臣は首長としての性格をもつことから、国務大臣を自由に**任命・罷免**できる（第68条）ほか、**内閣を代表して議案を国会に提出し、行政各部を指揮監督する**（第72条）ことができます。

さらに、**国務大臣への訴追に同意する権限**（第75条）をもちますし、**法律、政令への署名に連署**（他の人の署名に並んで**署名すること**）**する権限**（第74条）も有しています。

― 政策の実施は政治の中核を占める

政策を実施することは、政治の中心的活動の一つです。そもそも政治は、広い意味では、**社会集団**（企業、学校、町内会など）の中の意見の対立や紛争を解決し、集団の平穏を維持するための、工夫や調整の過程を指します。これは狭い意味では、国家の中にある様々な意見の対立を一つの政策に調整していく過程です。**その調整の中心になるのが首相であり、最終的に決まった政策を首相は実行していきます。**

> **結論** 時の政権によって決め方は異なるが、重要政策は閣議で決める。

閣議の運営方法は法で定められていない

政策の決め方は、政策の調整を官僚組織に委ねるのか、政治主導で行うのかなど、政権の方針等によって変わります。いずれにしても、**重要な政策は最終的に内閣総理大臣及びその他の国務大臣で構成される閣議を経て決定される**ことになります。内閣法では、「閣議は、内閣総理大臣がこれを主宰する。この場合において、内閣総理大臣は、内閣の重要政策に関する基本的な方針その他の案件を発議することができる」(4条第2項)と規定しています。

閣議の具体的な運営方法について法的な決まりはなく、**長年の慣行にしたがって行われています**。

Q10

アメリカの大統領選って日本とどう違うの?

結論

議員内閣制の**日本では国会が総理大臣を決める**が、大統領制の**アメリカでは国民が大統領を決める**。

Q10-1 具体的にアメリカの大統領はどうやって選ばれるの?

結論 国民が**大統領選挙人**を選び、その選挙人が大統領を選ぶ。

― 形式的には間接選挙、実質的には直接選挙

アメリカの大統領選では国民が**大統領選挙人**を選び、その選挙人が大統領を選んでいます。**形式的には間接選挙の形をとります**が、どの選挙人がだれを大統領として選ぶかはあらかじめ決まっているので、**実質的には直接選挙**といえます。

▼ アメリカ大統領選挙の仕組み

選挙人投票で大統領が**正式決定**!

A州 勝った方の党がA州の選挙人総取り

B州 勝った方の党がB州の選挙人総取り

C州 勝った方の党がC州の選挙人総取り

選挙人の選出　選挙人の選出　選挙人の選出 …

大統領は任期**4年**で**三選禁止**であり、議会に対して立法や予算審議を促す**教書送付権**、可決された法案への**拒否権**（法案拒否権）をもちます。なお法案が拒否されても議会が3分の2以上の多数で再可決すれば、法律として成立します。

アメリカの上院・下院は何をしている？

結論 州を代表する**上院**には**大統領の権力の歯止めとなる仕組み**がある。**下院**には**予算の先議権**がある。

― 上院と下院は対等の関係にある

アメリカの議会（**連邦議会**）は上院と下院の**二院制**です。**上院（元老院）**は任期6年で、各州2名（定数**100人**）、**下院（代議院）**は任期2年で各州で人口に比例した人数（定数**435人**）が国民により選出されます。大統領への不信任決議権はなく、大統領にも解散権はありません。

両院は対等ですが、各州を代表する側面をもつ上院には、行政府の長官や連邦最高裁判所裁判官など**高級官吏任命への同意権**、**条約締結への同意権**があり、大統領権力への歯止めとなっています。下院には、**予算の先議権**があります。

日本とアメリカの三権分立は何が違うの？

結論 アメリカは厳格な**三権分立**に則っており、独立性が非常に高い。

― モンテスキューの理想を実現

アメリカはモンテスキュー型の**厳格な三権分立制**で議会による**大統領の不信任決議権、大統領による議会の解散権、議会への法案提出権、三権間での役職兼任**（英国のように下院議員が首相となるなど）**はありません**。アメリカの**連邦最高裁判所**の裁判官は、上院の同意を得て大統領から任命され、大統領と議会に、**違憲法令審査権**をもっています。

中国はどういう政治体制になっているの？

結論

共産党がすべての国家機関を指導する「**一党独裁制**」になっている。

Q11-1 全国人民代表大会はどんなもの？

結論 中国の**最高権力機関**で、**唯一の立法機関**である。

― 全国人民代表大会

全国人民代表大会（**全人代**）は、最高権力機関であり、唯一の立法機関とされています。これは任期5年で解散のない一院制の議会です。憲法の改正や法律の制定を行い、国家主席や国務院総理（首相）、最高人民法院長を選出します。中国にも立法・行政・司法という区分はありますが、抑制・均衡を働かせる目的ではなく、単なる仕事分担に過ぎません。**権力はすべて最終的に全人代に集中**しています。こうした体制を**権力集中制**（民主集中制）といいます。

Q11-2 中国の国家主席とは？首相や大統領とは違うの？

結論 国家主席は国の代表だが実権はない。しかし、通常は**共産党の最高指導者が兼任**するので実質的には**トップ**である。

― 中国は一党独裁制の国

憲法上、**共産党**は**労働者階級**（プロレタリア）を代表し、中国を指導するとされ、共産党がすべての国家機関を指導・

支配する**一党独裁制**のもとにあります。

共産党による一党独裁とほぼ同義で**プロレタリア独裁**という語句が使われることも少なくありません。こうした体制に国民が反発し、**1989年**に民主化を求める**天安門事件**が起こったものの、弾圧を受けました。

▼ **中国の政治制度**

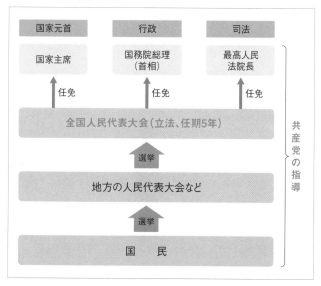

独裁体制だが、市場経済を採用

なお中国は政治的には不自由な独裁体制でも、**経済的には社会主義市場経済を掲(かか)げており、自由な市場経済を実行しています**。

権力不信の思想

権力分立の原理の根底には、権力は放っておくと必ず暴走し、国民の権利を侵害するという、**権力不信の思想**がある。「アメリカ独立宣言」の起草者のひとりであるジェファーソンが「自由な政府は信頼ではなく、猜疑に基づいて建設される」と述べているのもこの意味である。**権力は正しくて（正義の味方）、絶対間違ったことをしないという前提の人たちは分立など考えない。労働者（プロレタリア）を代表する共産党**の誤ることのない正しさを信じる社会主義国では、権力分立は否定される。正義の味方を分割してわざわざ弱くする必要はないからである。

Q11-3 なぜ習近平は長い間、主席でいられるの？

結論 一党制により**共産党の党首であり続ける以上**、主席でいられる上に、**2018年に任期を撤廃**したから。

― 任期制限を撤廃

従来、国家主席の任期は中国の憲法では2期10年と定められていました。しかし、習近平が2期目の国家主席に選ばれた2018年3月の全人代で憲法が改正され、国家主席の任期制限は撤廃されています。

官僚って何をする人？

結論

中央省庁などで働く、**キャリア**と呼ばれる国家公務員。**予算案や政策案などを実際に策定**する。

Q12-1 国会議員と官僚の違いは？

結論 国会議員は選挙で国民に選ばれた者。官僚は**採用試験に合格し行政で働く公務員で、政策決定に大きな力を持つが、選挙で選ばれたわけではない。**

― 官僚支配も発生している

官僚とは中央省庁など行政機関で働く上級の公務員であり、行政を実際に遂行します。高い能力と専門知識で実務を熟知し、政策決定に大きな力をもつことから、**官僚支配**と呼ばれる現象も生まれています。

IMPORTANT

― 官僚支配で起こる現象

❶内閣提出法案の増加…複雑な行政に対応する法律を国会議員が作れず、行政を担当する内閣（実際はそこで働く官僚）が法律案を作り、国会に提出することが増える。

❷委任立法の増加…複雑な行政に対応した法律を国会が作れず、法律では大枠だけを決め、細部の規定は行政部（実際はそこで働く官僚）に任せる委任立法が増える。

❸許認可権・補助金・行政指導による民間支配…行政機関（実際はそこで働く官僚）は、許可・認可、補助金の交付などに幅広い権限（裁量権）を持つ。これを背景

に行政側の意図を民間（企業）に伝え、法律上の根拠なしに従わせる行政指導が行われる。

Q12-2 天下りはどうして起こるの？

結論 企業が官僚に優遇を求め、官僚がその見返りに企業に高額な報酬で再就職することで起きる。

官僚支配の問題点とは

法律の作成や補助金の交付など政治の重要部分を国民を代表する国会ではなく官僚が行うことは、国民主権の原則を形骸化させてしまいます。また政（政治家）・官（官僚）・財（企業）の癒着による政治腐敗の原因にもなります。企業は政治家に資金を渡し、政治家は許認可・補助金で企業のために官僚に口利きをし、官僚は企業に高額な報酬で再就職（天下り）する構図を**鉄の三角形（トライアングル）**といいます。

▼ 鉄の三角形

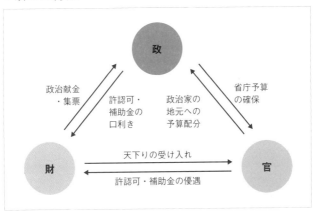

3 章

政策

この章で扱う主なTOPIC

Q13 行政改革って何をした?

結論

国や地方公共団体の**行政機関の統廃合**など。

Q13-1 なんで行政改革を始めたの?

結論 官僚支配の排除を行うため。また、財政が厳しい中で行政サービスのあり方を見直す必要性が高まっていたため。

― 行政改革の推進役となった二つの法律

行政改革推進のため、1998年に中央省庁等改革基本法、1999年に中央省庁等改革関連法が制定されました。これにより、さまざまな改革が進められました。

Q13-2 具体的に行政改革でどんな効果が出たの?

結論 **省庁再編**や**民営化による行政のスリム化**、また内閣府・副大臣を新設することによる**政治主導の確立**などが図られた。

― 行政のスリム化がはかられた

行政改革では、次のようなことが行われました。

❶中央省庁を1府22省庁から**1府12省庁に再編した**（2001年よりスタート）。

❷国の研究所・学校・博物館などを省庁から独立させて別法人とし、競争原理の導入などで運営の効率化をはかる**独立行政法人の制度を導入**した。

❸道路公団の民営化など、**特殊法人の廃止・民営化**を進めた。2005年には郵政民営化法が成立した。

政治主導の確立も目指された

縦割り行政の排除と政治家のリーダーシップの強化がはかられ、以下のような施策が行われました。

❶総理大臣を長とし、**強い権限で政策の総合調整を行う内閣府が新設**された。

❷内閣府のもとに国政上の重要事項を審議する**重要政策会議（経済財政諮問会議など）が設置**された。

❸国会議員から選ばれる**副大臣、大臣政務官が新設**され、行政組織における政治家ポストが増えた。

▼ 行 政 改 革 の 全 体 像

中央省庁等改革基本法
中央省庁等改革関連法

行政のスリム化・効率化
・1府22省庁→1府12省庁
・独立行政法人の制度
・特殊法人の廃止・民営化

政治主導の確立
・内閣府の設置
（その下に経済財政諮問会議など）
・副大臣・大臣政務官の新設
➡政府委員制度廃止

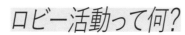

Q14

ロビー活動って何?

結論

企業や利益団体が、**自社の事業が有利になるようなルールの策定などを政治家や政府、国際機関に働きかけること。**

Q14-1 法律的にはやっていいものなの?

結論 法律では規制されておらず、**正しい手順を踏めば問題はない。**

── ロビー活動とは

「ロビー活動」は昔、**政治家への働きかけが、ホテルのロビーで行われた**ことから、このように呼ばれるようになったと言われています。なお、**特定の分野に精通し、その分野の利益団体と結んで政府などに働きかけを行う議員を族議員**（政策別に運輸族、建設族、文教族などとよばれる）といいます。

アメリカでは、利益団体の代理人として働きかけを行うものを**ロビイスト**といいますが、日本ではこの役割を族議員が担っています。

PLUS α 請願・陳情

日本には、**請願（せいがん）・陳情（ちんじょう）**という制度が存在する。これらは国などの公共機関に対して要望を伝える行為のことで、国会議員などにこれらを行うことはロビー行為にあたる。

結論 業界問わず**様々な成功例**が存在している。たとえば**ヤクルトはロビー活動が商業上の成功につながった。**

乳酸菌飲料の国際規格策定

大手乳酸菌飲料メーカーのヤクルトは、ロビー活動によって世界的な認知度の獲得と売り上げ増加を実現した企業の一つです。

IMPORTANT

ロビー活動によるヤクルトの成功

ヤクルトはまず、自社の商品を乳酸菌飲料という新しいカテゴリーに定義づけた。これには**乳酸菌を多く含む健康的な飲料という点で、一般的な清涼飲料と差別化を図る**という意図があった。

その後、全国発酵乳乳酸菌飲料協会を通じ、コーデックス委員会という国際政府間組織に対して、発酵乳規格の新しいカテゴリーとして「乳酸菌飲料」を設置するように働きかけた。

そして、世界中で乳酸菌飲料が健康食品として位置づけられ、ヤクルトは世界的な認知度を獲得すると同時に、大きく売り上げを伸ばした。

3
章

政
策

―

Q
14
ロビー活動って何？

Q15 話題のデジタル庁は何をしているの?

結論

デジタル社会の実現に向けて、**行政サービスのIT化やDXなど**
を推進している。

Q15-1 具体的にどんなことをしているの?

結論 マイナンバーカードの普及や**行政におけるデジタル基盤**
の整備など。

── デジタル庁の取り組み

デジタル庁は注力して取り組む三項目を「**3つの柱**」として
定義付けています。3つの柱それぞれの具体的な内容は、
以下を参照ください。

POINT

── **柱❶生活者、事業者、職員にやさしい公共サービスの提供**
マイナンバーカードの普及や新型コロナワクチン接種証明
書アプリの提供など、生活者から職員までのあらゆる立場
の人々の需要に応える公共サービスの提供を行う。

── **柱❷デジタル基盤の整備による成長戦略の推進**
あらゆるものをデジタル化していく上で障壁となる、ルー
ルや規制などを整備する。

── **柱❸安全安心で強靭なデジタル基盤の実現**
既存のシステムの統一化などを行い、品質やコストの最
適化を目指す。

▼ デジタル庁の組織

役割ごとに4つのグループがあり、専門人材ユニットから個々の
専門性に基づいてメンバーがアサイン（任命）されている

Q15-2 デジタル庁のような新しい省庁はどうやってつくられる？

結論 国会で**設置関連法案**が可決されて新設される。

― デジタル庁発足の背景

新型コロナウイルス感染症への対応の中で、政府のデジタル
化への遅れが浮き彫りになりました。そういった課題を解決
するためにデジタル庁は2021年にデジタル庁設置法案が可
決され、設置にいたりました。

PLUS α デジタル庁の民間人材登用

デジタル庁では、民間からの人材を多く採用する方針でも
話題となった。従来のような行政の組織体制とは異なり、
**ジョブ型雇用（職務内容や求める経験を具体的に指定して採用
すること）**を行い、専門的な知識をもつ人材を採用してい
る。近年は、このように官民一体となったり、民営化した
りする省庁も増えている。

Q16

マイナンバーカードは どうして導入されたの?

結論

❶行政を効率化し、❷国民の利便性を向上させ、❸公平・公正な社会を実現することが目的とされている。

Q16-1 そもそもマイナンバーカードって何?

結論 個人番号が記された、**本人確認書類**として利用できるICカード。

― マイナンバーカードとは

マイナンバーカードは、本人の個人番号を証明する書類や本人確認書類として利用でき、他にも多種多様な行政サービスを受けることができるようになるICカードです。

カードには本人の顔写真、氏名、住所、生年月日、性別、**マイナンバー**(個人番号) などが記載されています。マイナンバーカード設立には以下のような目的がありました。

▼ マイナンバーカードの目的

目的	詳細
国民にとっての利便性向上	これまで税や社会保険等に関して複数の窓口に行き書類を申請しなければならなかったが、マイナンバーによって書類提出の手間が減るなど、利便性の向上を狙っている。
行政の効率化	マイナンバーによって国や地方公共団体などで情報が連携でき、行政手続きがスムーズになる。
不正受給や不公平の解消	国民の所得状況などをマイナンバーによってより正確に把握し、脱税や不正受給を防止できる。

> **結論** 健康保険証として使用できる上に、**住民票の写しなどの各種証明書をコンビニで発行できる**ようになる。

マイナンバーカードでできること

マイナンバーカードによって、証明書の発行や給付金の受取などの行政手続きをスムーズに行えるようになるといったメリットがあります。

POINT

健康保険証として使用することも可能

医療機関によって異なるが、受けた保健医療を**マイナポータル**という、マイナンバーカードを持っている人が使える行政オンラインサービスで管理して確認することができる。

コンビニで各種証明書の発行ができる

市区町村の役所・役場などの窓口や郵送での手続きが不要になり、近くのコンビニで簡単に各種証明書の発行が可能。実際に取得できる証明書は、住民票の写しや印鑑登録証明書、戸籍証明書など多岐にわたる。

給付金受け取りがスムーズに

その他にも、**公金受取口座**をマイナンバーカードと一緒に登録しておくことで、国や地方自治体から給付金を受け取る際の行政機関での確認作業や預貯金口座情報の提出などが不要になる。そのためスムーズに給付金を受け取ることが可能になる。

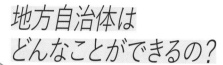

Q17

地方自治体は
どんなことができるの?

結論

地方議会と首長が置かれ、**協力・監視し合いながら地方行政を担う**。法律を逸脱しない範囲で条例も定められる。

Q17-1 議会と首長が互いに監視ってどういうこと?

結論 お互いが**不信任決議権**と**解散権**をもっている。また首長は議会の決定に再議も求められる。

そもそも地方自治はどんな仕組み?

地方自治の仕組みは**地方自治法**に定められています。地方公共団体には、**地方議会**(都道府県議会・市町村議会)と**首長**(都道府県知事・市町村長)が置かれ、両者は方針を決める議決機関と実行に移す執行機関の関係に立ちます。

議会と首長はお互いに監視している

▼ 議会と首長の関係

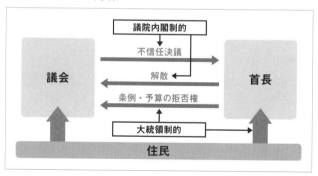

議会と首長は互いに**不信任決議権**と**解散権**をもっており、そ

の点は議院内閣制的です。

一方で首長は住民から直接選挙され、また議会の決めた条例・予算を再度審議するよう求める拒否権がある点で大統領制的であるといえます。

Q17-2 条例って法律と何が違うの?

> **結論** 条例は**地方自治体**、法律は**国会**によって制定される。また、**条例は法律の範囲内で地域に合わせて制定されている**。

法律と条例の関係

憲法第94条は「**法律の範囲内で条例を制定することができる**」と定め、地方公共団体が独自に制定する自主法として条例を認めています。これは、国会しか立法できないという国会中心立法の原則の例外です。

なお、法律と矛盾する条例は制定できませんが、公害規制などで法律よりも厳しい基準を定めることはできます（上乗せ条例といいます）。

住民投票条例も増えている

住民投票条例を制定して、住民の意思を直接問う自治体が増えています。中には、永住外国人や未成年者に投票を認める条例もあります。

住民投票に法的拘束力はなく、議会や首長には投票結果に従う法的な義務はありませんが、住民の意思が明確となるため政治的には大きな影響力があります。

> **結論** 地方税は**地方公共団体が課税する税金**。地方交付税は**国が地方に代わって徴収する地方税**。

― 地方財政を支える財源

地方財政の財源としては、下記のような種類・特徴があります。

▼ **財源の種類と使い途**

自主	地方税…………	住民から徴収する住民税など。**使い途は特定されていない。**
	地方交付税…	自治体間の財政力の格差是正のため、国から交付されるもの。**使い途は特定されていない。**
依存	国庫支出金…	地方が行う特定の事業のために国から交付されるもので、**使い途は特定される。**一般に補助金といわれる。
	地方債………	特定の事業のため地方が債券を発行して行う借金。発行には国との協議や届出などが必要である。**使い途は特定される。**

Q18

地方創生に向けてどんな取り組みがされているの?

結論

地域の特性を活かして、**ブランディングを確立させる取り組みな**ど。

Q18-1 地方創生の現状は?

結論 全体的にはまだ大きな成果は出ていないが、**一部の地域**では**成功例**が見られる。**長野県阿智村や福井県鯖江市の成功例が有名。**

— 少子高齢化が進む日本では地方創生は喫緊の課題

地方創生の取り組みは現在も行われていますが、全体的にはまだ成功とは言い難い現状にあります。**少子高齢化**により全国的に人口が減少している中ですぐに成果を出すことは難しいといえますが、だからこそ地方の人口減少や東京一極集中を食い止める必要があります。

成功が見られる地域も一部では存在しているので、試行錯誤を繰り返しながら徐々に成果を上げていく必要があると考えられます。

POINT

— そもそも地方創生とは

地方創生とは、東京一極集中を改善し、地方の活性化をするために各地方自治体が独自の施策を行い、国がそれを支援する試み。第二次安倍内閣によって2014年から掲げられた政策に端を発する。

結論 観光地としてのブランディングや、**名産地としての認知度アップ**などを通して成功を収めている例がある。

— 地方創生の成功例

地方創生の成功例には、以下のようなものがあります。

IMPORTANT

— 地方創生の成功例❶ 長野県阿智村

長野県の下伊那郡阿智村は人口も少ない小さな村だが、**観光地としてのブランディング**(独自ブランド形成)に成功している地域の一つ。**「日本一の星空」**と謳う地元の星空を中心とした取り組みは温泉施設での宿泊やナイトツアーの実施により、観光地として大きな成果を挙げている。

— 地方創生の成功例❷ 福井県鯖江市

福井県の鯖江市は国内生産シェアが9割を超えるメガネフレームの産地。地域の特性を活かして、メガネにまつわる催しや、産地統一のメガネブランドなど、メガネにまつわる魅力を発信することで**「めがねのまちさばえ」**というブランディングに成功し、広く認知度を高めた。

Q19

少子高齢化に向けて政府は
どんな取り組みをしている?

結論

❶児童手当など経済支援の強化、❷学童保育や病児保育、❸産後ケアなどの支援拡充、働き方改革の推進など。

Q19-1 少子高齢化が進むとどんな問題が起きてしまう?

結論 経済規模の縮小や雇用の減少、現役世代の負担が大きい肩車型社会の到来など。

少子高齢化によって起こる問題

少子高齢化で働き手世代の人口減少が始まると**経済規模が縮小**していくため、国内事業への投資が減少し、**雇用も減っていきます**。その影響による経済的不安から出生率も低下していくため、これらの傾向はますます強まっていきます。

肩車型社会の到来

少子化が進む状況でも高齢者の人口は増加していくため、社会保障制度によって**高齢者を若年層が1:1で支える肩車型社会の到来**が予期されています。

▼ **少子高齢化による社会の変化**

Q19-2 日本政府の具体的な対策は？

> **結論** 毎月一万円以上の児童手当などの政策で子育てを支援している。

子どもがいる家庭に支給される児童手当

子育て世代を支援するために、**0歳から中学校卒業までの児童がいる家庭に毎月支給される手当が児童手当**です。支給額は児童の年齢や人数によって異なります。年を追うごとに政府の**子育て支援政策**も強化されていて、支給額や条件等が徐々に拡充されています。

PLUS α 高等教育の無償化

経済的な事情で大学・短期大学・専門学校・高等専門学校などへの進学が難しい家庭の負担軽減のために始まったのが**高等教育の修学支援新制度**である。
利用条件に当てはまっていれば、「**授業料等減免**」や「**給付型奨学金**」といった支援が受けられる。

Q19-3 兵庫県明石市はどのようにして少子高齢化から立ち直った？

> **結論** 「**5つの無料化**」を中心に据える子育て支援の政策により、**子育て層の人口**や**出生率**が増加した。

兵庫県明石市の子育て支援

兵庫県の明石市は、人口増加率が高い中核都市です。その要因として、市が進める子育て支援の政策が挙げられます。

その中でも、市が政策の中心に据えるのが「5つの無料化」です。5つの無料化には、次のようなものがあります。

POINT
─5つの無料化

❶子供医療費

❷おむつ

❸第2子以降にかかる保育料

❹中学校の給食費

❺公共施設の入場料

などを無料化し、市内の子育て層を支援する取り組みを行っている。

そういった政策の影響により、**子育て層の人口や出生率が増加**したことで、少子高齢化から立ち直ることができたと考えられます。

Q20

社会保険料はなぜ年々上がっているの?

結論

少子高齢化が進み、**給付を受ける高齢者層の増加と保険料を負担する現役世代の減少が続いている**からである。

Q20-1 そもそも社会保険ってどんなもの?

結論 国家が法律で作った**強制加入の公的保険**。

そもそも社会保険とは

生活の中での様々なリスクに備えるために、会社員や、一定の条件を満たした非正規社員に加入が義務付けられている公的保険の総称を**社会保険**といいます。主な種類としては、**医療保険や介護保険、年金保険**などが挙げられます。

▼ 社会保険の種類

広義の社会保険				
狭義の社会保険			労働保険	
医療保険	介護保険	年金保険	労災保険	雇用保険

社会保険料が上がる理由

社会保険料は基本的に**給与や賞与から負担する仕組み**になっています。消費税などの税率の引き上げとは異なり、**天引きされていく社会保険料の値上げは目に見えにくいため、サイレント増税ともいわれています**。社会保険料は**現役世代の支払**

う保険料によって多くが賄われているので、今後**増え続ける高齢者への給付（医療費など）**を、**少子化の傾向にある現役世代**が負担していかなければいけません。そのため社会保険料は増加の傾向にあります。

Q20-2 もらえる年金が減っているって本当?

> **結論** **年金支給年齢の引き上げや、年金支給額の増加を抑える仕組みの導入、保険料の上昇**などから、年金支給額は事実上減っている。

― 厚生年金の支給開始年齢の引き上げ

かつては60歳になると厚生年金が支給されていましたが、近年は法律改正が行われ**支給開始年齢が65歳からに変更**されました。

― 厚生年金の受給開始時期の繰り上げ・繰り下げ

支給開始年齢の引き上げに伴って、**60歳以降であれば繰り上げ受給・繰り下げ受給ができるように**なりました。

繰り上げを行うと早い年齢で受け取れますが、**もらえる年金が減額**されます。この減額は一生続くため慎重に検討することが求められます。繰り下げを行うと受け取る年齢が遅くなりますが、その分**もらえる年金が割り増し**されるため長生きに備えることができます。

Q21

小さな政府とか
大きな政府って何のこと?

結論

「国家が国民生活(経済活動や福祉など)にどのくらい関与介入するか」を表すもの。

Q21-1 小さな政府とは?

結論 国家の経済への介入や規模・権限が**小さい国家**。

― 夜警国家の誕生

絶対王政(→ Q1)による、国民生活への干渉(口出し・制限)に嫌気のさしていた人々(特に自由な経済活動を望んだ新興商工業者=市民階級=ブルジョワジー)が**市民革命により絶対王政を倒すと、それまでとは逆の国家がつくられました**。これが**夜警国家**(消極国家・小さな政府)です。

ちなみに、「夜警国家」の名称は、ドイツの社会主義者である**ラッサール**が、「夜回りしかしない国家」と皮肉った言葉に由来します。

> POINT
> ― 夜警国家の特徴
> 夜警国家は**国民生活に何も干渉しない**ことを原則とする。**政府(行政)の役割は最小限**であり、担うべきことは国防と警察(治安維持)だけとされた。国家統治の中心は立法にあるとされ、**立法国家**ともよばれた。

結論 国家の経済への介入や規模・権限が**大きい国家**。

福祉国家の誕生

▼ 夜警国家から福祉国家へ

夜警国家のもとで、経済の発展とともに貧富の差が拡大し、貧困や失業などの社会問題が発生してくると、人々の国家観は変化し、何もしない国家ではなくこれらの**問題の解決にあたる国家が求められました**。これが福祉国家（積極国家・大きな政府）です。

POINT

福祉国家の特徴

福祉国家は経済活動の調整や社会保障の実施などで**国民生活に介入し、社会的弱者を救済**する。**行政の役割は拡大**し、**行政国家**ともよばれる。

4章

選挙

この章で扱う主なTOPIC

Q22

小選挙区や比例代表ってどういう違いがあるの?

結論 「選挙区制」は「人」を選ぶ制度、小選挙区や大選挙区がある。「比例代表制」は「政党」を選ぶ制度である。

Q22-1 小選挙区制ってどんなもの?

結論 一つの選挙区で1人だけ当選する制度である。

小選挙区制とは

小選挙区では1選挙区から1名、得票数1位の者のみを当選させます。小選挙区制の長所と短所は、以下の通りです。

▼ 小選挙区の長所と短所

長所	短所
❶二大政党制（1位しか当選できず大政党に有利なため小党が消えて二大政党になる）になり政局が安定する。 ❷選挙区が小さいため選挙民が候補者をよく知ることができる …など。	❶少数党が議席を得られず民意が反映されない。 ❷死票（落選者への投票）が大量に発生する。 ❸選挙区が小さいため、与党（政権党）に都合のいい選挙区割り（ゲリマンダー）が行われる危険性がある …など。

Q22-2 大選挙区制ってどんなもの?

結論 一つの選挙区から2人以上が当選する制度である。

大選挙区制とは

大選挙区では、1つの選挙区から2名以上当選させることに

なっています（たとえば定数3なら上位3位まで当選）。大選挙区制の長所と短所は、以下の通りです。

▼ 大選挙区の長所と短所

長所	短所
❶少数党でも議席を得られる可能性が高まり**民意が反映される**。 ❷**死票が少ない**…など。	❶小党分立となり**政局が不安定**になる（各党バラバラで何も決まらない）。 ❷**同一政党で候補者の乱立が起きる**…など。

Q22-3 比例代表制ってどんなもの？

結論 **政党**に投票が行われ、**各政党が獲得した投票数に比例して、各政党に議席を配分する**制度である。

― 比例代表制とは

比例代表制では、有権者は政党に投票します。そして**各政党の得票数に比例して議席を配分します**。なお、この選挙制度の長所・短所は次の通りです。

▼ 比例代表制の長所と短所

長所	短所
❶**獲得議席が得票数と比例し公平**（少数党でも議席を得られ民意が正確に反映される）。 ❷**死票が少ない**…など。	**小党分立となり政局が不安定になる**…など。

― ドント方式で議席を分配

なお、比例代表制において議席を分配する際は、ドント方式という方法がとられています。

IMPORTANT

比例代表におけるドント方式

比例代表制における議席配分はドント方式が使われる（ベルギーの数学者ドントが考案したのでこう呼ばれる）。ここでは、ドント方式の意味を考えてみる。

3党の獲得した票がA党906、B党602、C党300の場合、定数6人なら簡単である。約300票で1人分で、比例配分はA党3人、B党2人、C党1人の当選になる。では定数が5人だったらどう配分するか。

　　1案…A党3人、B党1人、C党1人
　　2案…A党3人、B党2人、C党0人
　　3案…A党2人、B党2人、C党1人

公平で民意にかなうのは、ドント方式によって得られる2案である。ドント方式では次の❶❷の手順で議席を決める。

❶各政党の得票数を1、2、3…の整数で順に割る。
❷商の大きい順（以下の場合①～⑧）に定数まで（以下の場合⑤まで）議席を配分する。

▼ドント方式

（定数5を配分の場合）

政党	A党	B党	C党
得票数	906票	602票	300票
1で割る	906　①	602　②	300　⑥
2で割る	453　③	301　⑤	150
3で割る	302　④	201　⑧	100
4で割る	227　⑦	151	75
（結果）	↓ 3人当選	↓ 2人当選	↓ 当選なし

C党が0人というのは一見不公平だが、整数で割ることによって、A党には302票獲得した候補者が3人、B党には301票獲得した候補者が2人いることがわかる（いると考えることができる）。よって、A党から3人、B党から2人当選する前に、C党（300票で6番目）に1議席与えるほうが不公平になってしまう。これがドント方式の意味である。

▼ドント方式を整理すると…

Q22-4 選挙の投票は、誰が誰に投票したかはわからない仕組みで行われるのはなぜ？

結論 選挙の原則のうちの1つ、**秘密選挙**に関係している。誰が誰に投票したかが分かってしまうと、圧力を感じ**自分の自由な意志で投票することが難しくなる可能性がある**からである。

― 選挙には4つの原則がある

民主的な選挙には次のように4つの基本原則があります。誰に投票したかわからない仕組みで行うのは、このうち**秘密選挙**に関係しています。

― 基本原則 ❶ 普通選挙

性別、財産などによる制限がない選挙のこと。反対語は**制限選挙**。

― 基本原則 ❷ 平等選挙

一人一票で、かつ一票の価値が平等な選挙のこと。反対語は**不平等選挙**。

― 基本原則 ❸ 直接選挙

間に人を入れず、候補者に直接投票する選挙のこと。反対語は**間接選挙**。

― 基本原則 ❹ 秘密選挙

だれがどの候補者に投票したかわからないしくみで行う選挙のこと。反対語は**公開選挙**。

Q22-5 白紙投票って意味あるの?

結論 投票したい候補者がいないなどの**政治的意思表示としては意味はある**。

― 白紙投票と棄権との違い

白紙投票は無効票として扱われます。ただし、投票自体を行わない棄権とは異なり、**投票にはカウントされます**。そのため、投票率の向上にはつながります。

どうしてネット投票は導入されないの?

結論

本人確認や公正さを確保する難しさ、**システムの安定の観点**などから、まだ国の導入は進んでいない。

Q23-1 海外では導入されていたりするの?

結論 **エストニア**で行われており、**アメリカ**、**カナダ**などでも部分的に導入されている。

― インターネット投票のメリット

インターネットを使った投票(ネット投票)のメリットとしては**投票所・開票所の設営が不要**になる、**選挙費用を抑えられる**、**結果がすぐに判明する**、**投票率が向上する**などが指摘されています。

― 課題も指摘されている

他方で、**本人による自由意志の投票という公正さを確保できるのか**、また**システムを安定的に稼働できるのか**といった懸念が挙げられています。

POINT
― ネット投票が進んでいる国

ネット投票は、エストニアにおいて国政選挙で全有権者を対象に行われているほか、部分的・限定的な形でアメリカやカナダなどでも行われている。

結論 地方での取組みが始まっているが、**国の動きは鈍い**。

— 投票方法は様々に改善されてきた

公職選挙法により、これまで投票に関して以下のような改善がなされてきました。

▼ 投票方法の改善内容

改善内容	詳細
投票時間の延長	1997年、**午前7時から午後6時までだった投票時間が午後8時までに延長**された。
期日前投票制度創設	1997年、厳しかった不在者投票の条件が緩和され、**レジャー・旅行が理由でも可能となった**。2003年には、手続きを簡素化した期日前投票制度に移行した。
在外投票制度創設	1998年、衆議院・参議院の比例代表選挙に限り、**外国に在留する日本人の海外からの投票が可能**となった。選挙区選挙についても、2005年の最高裁違憲判決（在外邦人選挙権制限違憲判決）を受けて2006年には認められた。
電子投票制の導入	2001年、特例法で**地方選挙に限り電子投票が可能**となった。2002年、岡山県新見市で初めて実施された。

衆議院と参議院の選挙制度の違いは?

結論

衆議院の選挙は小選挙区比例代表並立制で行われ、**参議院の選挙は選挙区と比例代表区**からなる。

Q24-1 具体的に衆議院の選挙はどう行われる?

結論 小選挙区制と比例代表制を同日に行い、重複しての立候補も可能。有権者はそれぞれに投票する。比例代表では、あらかじめ各党が提出する**名簿の順位**に従って当選が決まる。

― 衆議院の選挙制度

衆議院の選挙では小選挙区比例代表並立制を採っています。この選挙制度では定数465人を、小選挙区制で289人(全国289選挙区)、比例代表制で176人(全国を11ブロックに分けブロックごとに実施。ドント方式)を選びます。有権者はそれぞれに投票(計2票)します。

▼ **衆議院の選挙制度**

```
              ┌─ 289人
              │  (全国289の小選挙区)
定数465人 ─────┤
              │  176人
              └─ (全国11ブロックの比例代表制)
```

比例代表選挙は、**拘束名簿式比例代表制**を採用し、**あらかじめ各党が提出していた名簿順位に従って当選者が決まります。**選挙人は政党名で投票します。

重複立候補も可能

小選挙区と比例代表区は重複立候補が可能で、小選挙区で落選しても比例代表区での復活当選がありえます（先に小選挙区から当選・落選の判断を行い、当選であれば比例名簿からは削除されます。仮に下の表で7位の人物Iが小選挙区で当選すれば、8位のJが7位となります）。重複立候補者どうし（下の表の人物F・G・H）の場合、名簿の順位を同一にしておいて、**惜敗率**（小選挙区での当選者の得票数に対する落選者の得票比率）で順位を決めることも可能です。

▼ 比例の名簿順位と重複立候補

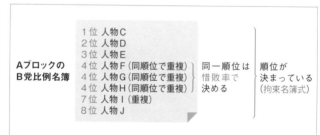

Aブロックの
B党比例名簿

1位 人物C
2位 人物D
3位 人物E
4位 人物F（同一順位で重複）
4位 人物G（同一順位で重複）
4位 人物H（同一順位で重複）
7位 人物I（重複）
8位 人物J

同一順位は
惜敗率で
決める

順位が
決まっている
（拘束名簿式）

Q24-2 参議院の選挙はどう行われる？

結論 選挙区と比例代表区からなり、重複しての立候補はできない。比例代表では名簿の順位はあらかじめつけられていない。

参議院の選挙制度

参議院は**選挙区**と**比例代表区**からなります。定数は248人、任期は6年ですが、3年ごとに半数の124人を改選します。選挙区（原則**都道府県単位**の選挙区）から74人、全国1ブロックの比例代表（ドント方式）から50人です。有権者は計2票投票します。

▼ **参議院の選挙制度**

定数の半分
124人

74人
（定数1〜6人の原則都道府県単位の選挙区）

50人
（全国を1ブロックとする比例代表制）

重複立候補はできない

比例代表は、衆議院と違い**非拘束名簿式比例代表制**になっています（**候補者の名簿にあらかじめ順位はつけられていません**[*1]）。選挙人は**政党名または候補者個人名**で投票し、政党名・個人名両方の得票が政党の得票数となります。当選者は、個人名での得票の多い順に決まります。なお、**選挙区と比例代表区の重複立候補はできません。**

*1　ただし特定枠という政党が一部の者を優先的に扱う（事実上名簿順位をつける）しくみも一部例外的に導入されている。

一票の格差ってどんな状態?

選挙区の人口によって、同じ1票の価値に差が出てしまうこと。

Q25-1 一票の格差ってどうして発生するの?

結論 選挙区ごとの**有権者数と議員定数の差**によって、**議員1人あたりの有権者数に違い**が出てしまう。

一票の格差は憲法問題

現在の日本の選挙では、有権者数と議員定数との比率が選挙区ごとにアンバランス(議員定数の不均衡)で、**一票の価値に格差が生じています**。これは、**憲法の保障する法の下の平等や平等選挙の原則に反する問題**です。

▼ 一票の価値の格差

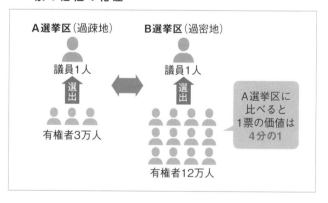

A選挙区(過疎地)　議員1人　選出　有権者3万人

B選挙区(過密地)　議員1人　選出　有権者12万人

A選挙区に比べると1票の価値は4分の1

一票の格差は違憲なの？

> **結論** 過去には**一票の格差が4分の1以上**の場合「違憲」
> と判断された。

最高裁は国会による是正を促してきた

衆議院の場合、最高裁は過去に、**一票の格差が1：3以上**
になると「違憲状態」、1：4以上になると「違憲」としてきま
した（許されないラインを当時は1：3に引いていたと推測されま
す）。違憲状態とは、著しい不平等があり、このまま是正さ
れなければ違憲と判断される状態のことです。ただこれも諸
事情を考慮してのもので、**最高裁はより平等な状態になるよう、**
抜本的な改革を国会に促してきました。

抜本的是正進まず

しかしそのような改革は選挙制度が大幅に変わっても進ま
ず、現在に至ります。2011年の最高裁判決では最大格差
2.30倍、2013年では最大格差**2.43倍**、2015年では最大格
差**2.13倍**を違憲状態としており、2018年では最大格差**1.98**
倍、2023年では最大格差**2.08倍**を合憲と判断しています。

一方、参議院の選挙区（都道府県単位）の場合、単純な人
口比だけでなく、都道府県代表の要素（各地域間の対等性）、
定数が偶数にしかできないこと（3年ごとの半数改選の規定が
憲法にある）なども加味し、衆議院よりも緩く違憲判断をして
います。

2012年の最高裁判決では最大格差**5.00倍**、2014年には最
大格差**4.77倍**を違憲状態としましたが、近年では、2017年に
最大格差**3.08倍**、2020年に最大格差**3.00倍**、2023年に最
大格差**3.03倍**を合憲としています。

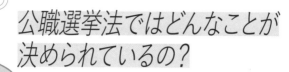

公職選挙法ではどんなことが決められているの？

結論

選挙運動や候補者についてのルールや禁止事項が決められている。

Q26-1 選挙運動にはどんなルールがある？

結論 戸別訪問、事前運動、署名活動、寄附などを禁止している。

選挙運動のルール

公職選挙法では**選挙運動に関しての禁止事項が多く、厳しく制限されています**。選挙運動のルールには、以下のようなものがあります。

▼ 選挙運動のルール

改善内容	詳細
戸別訪問の禁止	**候補者の有権者宅訪問を禁止している。**
事前運動の禁止	**定められた選挙運動期間以前の選挙運動を禁止している。**
署名運動の禁止	**投票を得る目的をもった署名運動を禁止している。**
寄附の禁止	**選挙区での寄附**（金銭や物品の供与など）を禁止している。

PLUSα 選挙運動の制限と政治活動の自由の関係性

選挙運動の制限の中には、政治活動の自由との間で議論・変更となったものもある。

❶戸別訪問…訪問し自己の政治信条を伝えることは、外国では政治活動の原点と考えられ当然許されているが、日本では買収が心配され禁止されている。これは**政治活動の自由の観点から問題となったが、最高裁は禁止を合憲としている。**

❷マニフェストとネット選挙…文書図画配布制限の関係で、**マニフェストの配布**と、**インターネットを使った選挙運動を行うことができなかったが、法改正でどちらも一定の範囲で可能となった。**

Q26-2 候補者に関するルールにはどんなものがある？

結論 候補者と特定の関係にある者が選挙違反になると候補者の当選も無効になる連座制があるほか、当選後の政党移動も禁止されている。

― 連座制で当選が無効に

連座制とは**候補者と特定の関係にある者（親族や秘書など）が選挙違反を犯した場合、その候補者の当選を無効にする**制度です。また5年間は同じ選挙区からの立候補ができないという制裁も科されます。

― 比例代表選挙（衆参）での当選後の政党移動の禁止

こちらは2000年の改正で決まりました。衆議院議員でも参議院議員でも、**移動すれば当選の資格を失います。**

Q27

政治献金って
誰が渡しているの?

結論

政治信条を指示する個人や法人、圧力団体などである。

Q27-1 政治献金って違法じゃないの?

結論 企業や団体から**政治家個人への献金は原則として違法**（けんきん）だが、**政党や政治資金団体への献金は法律で禁止されていない。**

政治献金とは

個人や企業、**圧力団体**などが、政治活動などを支援するために政党や政治資金団体へ行う寄附や資金提供のことを政治献金といいます。政治献金の種類は、企業や団体が行う**企業献金**と、個人が行う**個人献金**の2つに分けられます。

▼ 政治献金として認められているもの

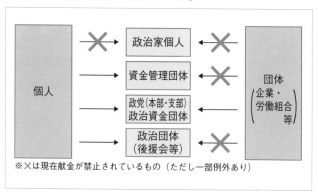

※✕は現在献金が禁止されているもの（ただし一部例外あり）

圧力団体

特殊利益実現のため、議員・政党・官庁に圧力をかける集団を**圧力団体**という。主な圧力の手段は、組織力を背景とした**集票**（団体メンバーへの投票行動指示）、**政治献金**。政党との違いは、政権の獲得をめざさない点である。

— 政治家個人への献金はNG

政治家個人と献金者との間でお金を通じた癒着が生じ、政治腐敗の原因とならないよう、**政治家個人には、企業献金も個人献金もできません**。献金に関しては禁止事項が多く、認められる場合でも献金額に上限があるなど、さまざまな規制があるので注意が必要です。

Q27-2 圧力団体にはどんなものがある？

結論 日本では**日本経団連、全中、日本医師会**などが有名。

— 様々な圧力団体

圧力団体には経営者団体、労働団体、業界団体、消費者団体などがあります。経営者団体の**経団連（日本経済団体連合会）**、農業団体の**全中（全国農業協同組合中央会）**、労働団体の**連合（日本労働組合総連合会）**、医師の団体である**日本医師会**などが有名です。

4
章

選

挙

―

Q
27
政
治
献
金
っ
て
誰
が
渡
し
て
い
る
の
？

Q28

政党交付金って何?

結論

税金から支出する政党への助成金である。

Q28-1 政党交付金って何のためにある?

結論 献金を制限する代わりに公費による助成を行い、政党の政治活動の健全な発達を促進するためにある。

— 政党助成法制定により公費での助成が可能に

1994年、非自民連立政権(細川内閣)のもとで**政治資金規正法**が大幅に改正され(以後も数度改正)、❶**政治家個人への献金が個人からも団体からも禁止**され、❷**企業・労働組合など団体からの献金も大幅に制限**されました。**一方で、政治献金を制限する代わりに政党の政治資金を公費(税金)で助成する制度が創設**されました(政党助成法の制定)。

Q28-2 政党交付金はどんなときにもらえるの?

結論 **国会議員の数が5人以上**or**得票率2%以上の政党**がもらえる。

— もらえる条件は政党助成法で決められている

政党交付金の総額(年間)は「**国民1人250円×人口**」です。**国会議員数が5人以上であるか、国政選挙での得票率が2%以上の政党が受け取れます**。

政党交付金の総額のうち、半分は所属議員数の割合、半分は直近の国政選挙（衆議院選挙と過去2回の参議院選挙）の得票数の割合に応じて配分されます。

給付額の現状は？

各政党に対する政党交付金の金額は以下のようになっています。

▼ 政党交付金の多さランキング（令和4年）

政党名	交付金額
自民党	約159億8200万円
立憲民主党	約67億9200万円
日本維新の会	約31億7000万円
公明党	約29億4900万円
国民民主党	約15億3200万円
れいわ新選組	約4億9800万円
社会民主党	約2億7100万円
政治家女子48党	約2億6200万円
参政党	約7700万円

総務省　令和4年分政党交付金使途等報告書より作成

Q29

クオータ制って何?

結論

議員の一定割合を優先的に女性に割り当てる制度である。

Q29-1 実際効果はあるの?

結論 クオータ制の導入されている国は、そうでない国よりも議員の女性比率が高いというデータがある。

— クオータ制がある国・地域は女性議員の比率が高い

クオータ制は広い意味では、**人種や民族、性別、宗教などを基準として、一定の比率でマイノリティ(社会的少数者)に議員や管理職等の割当てを行う仕組み**です。現在、政治の分野で議論されているクオータ制は、国会などで女性議員の比率が低い状況を改善することを目的としています。

▼ クオータ制の実施状況(2020年)

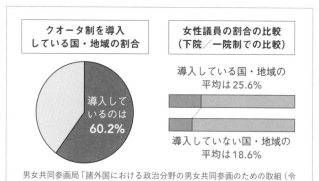

クオータ制を導入している国・地域の割合

導入しているのは **60.2%**

女性議員の割合の比較(下院／一院制での比較)

導入している国・地域の平均は25.6%

導入していない国・地域の平均は18.6%

男女共同参画局「諸外国における政治分野の男女共同参画のための取組(令和2年3月)」より作成

クオータ制を導入している国・地域は2020年2月時点で118。そのうち下院（衆議院に相当）／一院制の議員の女性比率はクオータ制のある国の平均が25.6％であり、ない国よりも**7％高くなっています**。

Q29-2 クオータ制って法律で決められるもの？

結論 ❶**法律で決められるもの**と、❷**政党が自主的に決めるものがある**。

▼ クオータ制の種類

クオータ制には議員、候補者等の性別割合について、憲法または法律で定める❶**法律型クオータ**と、憲法または法律で規定されているわけではないものの、政党が規約等において自発的に定めている❷**政党型クオータ**の2種類があります。❶はさらに、あらかじめ女性または男性議員の割合または人数を定めることでその議席を確保しておく**議員割当制**と、選挙において各政党が擁立する候補者の性別割合を定める**候補者クオータ制**に分かれます。

5章

政党

この章で扱う主なTOPIC

自民党とはどんな政党？

結論

自由主義を掲げる保守政党。1955年に結成され、長い間政権を担っている。

Q30-1 自民党はどうやってできたの？

結論 1955年、**自由党と日本民主党が合同して結成**された。

― 自民党の一党優位が続いた55年体制

終戦以降、政党は離合集散しましたが、1955年に分裂していた**日本社会党**の右派と左派が合同しました。これに対し**2つあった保守政党（自由党と日本民主党）も合同し（保守合同）、自由民主党（自民党）を結成**しました。ここに、保守の自民党と革新の社会党という二大政党の対立の枠組みができました。これを**55年体制**といいます。

▼ 主な政党の移り変わり❶

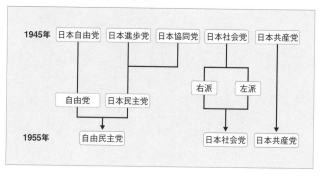

55年体制の特徴

55年体制の特徴は、**政権交代のない自民党の一党優位体制が続いたこと**であった。社会党の勢力は、自民党のほぼ半分しかなかった。共産党も議席をもっていたが、勢力は大きくなかった。

55年体制の崩壊へ

1960年代からは多党化の流が起こり、**公明党**など新しい党が次々と生まれました。しかし自民党の一党優位体制は続きます。その後、1980年代後半から90年代初め、リクルート事件・佐川急便事件など政治家（主に自民党）が関わる汚職事件が頻発しました。そこで「政治改革」の機運が高まります。

1993年の衆議院選挙で自民党は過半数を割り、「政治改革」をかかげる非自民連立政権（首相は日本新党の細川護熙）が誕生し、55年体制は崩壊しました。

▼ **主な政党の移り変わり❷**

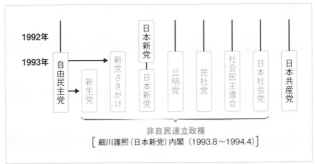

93

─ 55年体制崩壊後の政治は…?

細川内閣後の非自民連立政権は、内部対立(社会党の連立離脱)で短命に終わり、自民党が政権復帰を果たしました。以後は自民党中心の連立政権(自民党や公明党など)が続きますが、2009年の衆議院選挙で**民主党**が大勝します。なお、民主党は主に**自民党・公明党・共産党**以外の勢力が合流して結成された政党です。

その後民主党内閣が3代続きますが、**2012年の衆議院選挙で自民党が大勝し、再び自民党中心の連立政権**となりました。

Q30-2 自民党にはどのような特徴がある?

結論 **保守寄りだが自由主義的**で日本の伝統を守ることを目的とした公約を掲げている。

─ 保守政党と革新政党とは

保守政党とは伝統的な価値観を擁護し、資本主義を肯定する政党で、**革新政党**はその変革を求める政党をいいます。

自民党は保守政党にあたります。一方で日本社会党などは革新政党にあたり、保守自民党の推進する**憲法改正・安保条約・自衛隊**の3つに反対してきました。

公明党とはどんな政党?

結論

創価学会を支持母体として、中道政治の実現を目指して結成された。**自民党と連立政権を組んでいる。**

Q31-1 どうやってできた党?

結論 1964年に結党される。1998年に**一時分党していた「公明」と「新党平和」が合流して再結成**された。

ー 前身の公明政治連盟から政党に

公明党は1964年に、恒久平和や大衆福祉の実現、政界の浄化などを基本理念として掲げ、結成されます。**保守と革新の中間に位置することから、中道政党と呼ばれました。** 前身は**創価学会**の文化部の流れを組む公明政治連盟であり、結党当時すでに参議院議員と地方議会議員を抱えていました。

POINT
ー 現在の公明党になるまで

1994年、政界再編の流れの中で「**新進党**」に分党方式での参加を決定して解党し、他方で、地方議員らによる「**公明**」が結成された。しかし1997年に新進党は解党し、旧公明党勢力は「**新党平和**」と「**黎明クラブ**」を結成した。そして1998年になると、「**公明**」に「**黎明クラブ**」が**合流し、さらに「公明」と「新党平和」が合流して、現在の公明党になった。**

> **結論** 自民党と協力関係を保ち、連立政権を作っている。

─ 自公連立政権の歴史とは？

公明党はこれまで自民党と連立で政権を担ってきました。これを**自公連立政権**といいます。最初の自公連立政権は1999年に小渕恵三内閣のもとで成立し、森喜朗内閣（2000.4～2001.4）、小泉純一郎内閣（2001.4～2006.9）、安倍晋三内閣（2006.9～2007.9）、福田康夫内閣（2007.9～2008.9）、麻生太郎内閣（2008.9～2009.9）と続きました。

その後、2009年の衆議院選挙で民主党が大勝しますが、2012年の衆議院選挙で自民党が大勝し、再び**自民党・公明党の連立政権となり、現在まで両党が与党の地位を占めています**。

野党って何をしてるの？

結論

政権を担う与党と対峙し、**政権獲得をめざしながら、与党の行う政治を監視**している。

Q32-1 野党にはどんなものがある？

結論 歴史の長い共産党や社民党のほか、比較的最近できたみんなでつくる党・日本維新の会・れいわ新選組・参政党・立憲民主・国民民主・日本保守党などがある。

― 主な政党をチェック

野党は、政権を担わない立場として、与党の行き過ぎを監視する立場にあります。主な野党の特徴については、以下のようなものがあります。

▼ 主な政党

政党	特徴
日本共産党	**1922年に結成**。衆参両議院に議席を確保している。現存する日本最古の政党であり、**社会主義・共産主義を主張**する。
社会民主党	**社会民主主義を掲げ、1901年に結成**。その後、1996年に社会民主党に改称。かつて野党第一党であったが、2024年現在においては議席数はわずかとなっている。
みんなでつくる党	**2013年に設立し、NHKから国民を守る党、政治家女子48党**などといくつか名称変更を経て、2023年にみんなでつくる党に党名を変更。**政治の透明化や税制の見直しを基本方針に掲げる**。

政党	特徴
日本維新の会	2015年に維新の党を前身として誕生。2016年に党名を日本維新の会に改称。行政改革や憲法改正などを政策に掲げる。
れいわ新選組	2019年に設立。消費税廃止を中心とした財政に関わる政策を中心に、社会問題の解決策などを主張する。
参政党	2020年に結党した右派政党。「投票したい政党がないから、自分たちでゼロからつくる。」というキャッチコピーを掲げる。
立憲民主党	2020年に旧立憲民主党と旧国民民主党が合流して成立。立憲主義に基づいた民主政治を行うことを主張する。
国民民主党	新・立憲民主党の結党に参加しなかった一部の議員によって設立。政策本位の立場を取る中道政党。
日本保守党	2023年に設立。日本の伝統文化を守ることや、憲法改正などに重点を置いた政策を掲げる保守政党。

アメリカの民主党や共和党って日本とはどう違うの?

結論

アメリカは**民主党・共和党**の**二大政党制**で、日本は**多党制**である。なお、ほかに**一党制**の国もある。

Q33-1 一党制・二大政党制・多党制はどんな国がある?

結論 一党制は**社会主義国**、二大政党制には**アメリカ**や**イギリス**、多党制には**日本**や**ドイツ・フランス**などがある。

政党制の形態は3種類

政党制は政党が1つの**一党制**、2つの**二大政党制**、3つ以上の**多党制**(小党分立制)の3種類に分けられます。

POINT

❶一党制

政党が1つしか認められない**一党独裁**のパターン。社会主義国は通常、**共産党**による一党独裁である。

❷二大政党制

大きな2つの政党があり、交互に政権を担当するパターン。**イギリス**(労働党・保守党)、**アメリカ**(民主党・共和党)が有名である。

長所は大政党が単独で政権を担当し政治が安定すること、国民にいつもA党政権かB党政権かの明確な選択肢があり、政権交代が容易なこと。

一方で短所は、2党だけでは国民の多様な民意を反映しきれないこと。

❸多党制

フランス、ドイツ、日本のパターン。長所・短所は二大政党制の反対。**多様な民意が反映できる一方、一党で過半数を占めることができず、連立政権となり政治が不安定化することが多い。**

Q33-2 アメリカの民主党・共和党は何が違う?

結論 民主党は**リベラル寄りで大きな政府**を目指す。共和党は**保守寄りで小さな政府**を目指す。

民主党と共和党は支持層も違う

民主党は1828年、**共和党**は1854年に成立しました。主な支持層は前者が労働者や黒人、ヒスパニックなどのマイノリティであるのに対して、後者は富裕層や白人が中心です。社会保障の充実・拡大に対して、**民主党は積極的であるのに対して、共和党は消極的**です。

▼ 民主党・共和党の違いまとめ

民主党	共和党
大きな政府寄り 社会福祉や生活保護を積極的に行う	**小さな政府**寄り 政府の介入をできるだけ最小限にする
↑	↑
支持基盤はマイノリティやリベラルが中心	支持基盤は白人・富裕層が中心

なお、直近のアメリカ大統領は共和党と民主党が交互に入れかわっています。

▼ 直近の大統領の政党

任期	大統領	政党
1989年―1993年	ジョージ・H・W・ブッシュ	共和党
1993年―1997年 1997年―2001年	ビル・クリントン	民主党
2001年―2005年 2005年―2009年	ジョージ・W・ブッシュ	共和党
2009年―2013年 2013年―2017年	バラク・オバマ	民主党
2017年―2021年	ドナルド・トランプ	共和党
2021年―	ジョー・バイデン	民主党

6章

憲法・法律

この章で扱う主なTOPIC

Q34

憲法で天皇は どう位置づけられているの?

結論

象徴的な存在として、**内閣の助言・承認のもとで国事に関する行為のみ**を行うと規定されている。

Q34-1 国事に関する行為って、具体的にはどんなことをしているの?

結論 国会を召集したり、内閣総理大臣や最高裁判所長官の任命をしたりしている。

天皇は国事行為のみ行える

憲法で「天皇は、この憲法の定める国事に関する行為のみを行ひ」(第4条) と定められ、天皇ができることは、国事行為のみとされています。しかも天皇が国事行為を行うには、内閣の助言と承認(第3条・7条) が必要とされています。**形式的・儀礼的なものにすぎない国事行為が、さらに内閣の管理のもとに行われている**のです。

▼ 国事行為と内閣の助言と承認

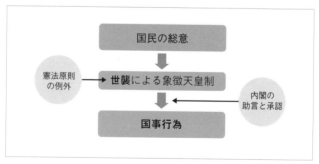

国民の総意

↓

憲法原則の例外 → 世襲による象徴天皇制 ← 内閣の助言と承認

↓

国事行為

IMPORTANT

主な国事行為

第6条 ❶内閣総理大臣の任命

❷最高裁判所長官の任命

第7条 ❶憲法改正、法律、政令及び条約の公布。

❷国会の召集 ❸衆議院の解散

❹国務大臣の任免の認証 *1

*1 認証とは、任免（任命・罷免）という行為が正当な手続きでなされたことを確認し証明する天皇の（国事）行為である

Q34-2 天皇が「象徴」ってどういうこと？

結論 憲法によって「**主権は国民にあり、天皇は実権のない象徴である**」と定められている。

― 憲法で象徴天皇制が定められている

憲法は前文で「主権が国民に存する」、第1条で「主権の存する日本国民」と規定し、国民主権の原理を明らかにしています。明治憲法では天皇に主権があったのに対し、**主権が天皇から国民に移った**ことを宣言しているのです。この原理のもとで、天皇は実権のない、「日本国の象徴であり日本国民統合の象徴」（第1条）という地位に置かれています（象徴天皇制）。

また「**皇位は、世襲のもの**」（第2条）と規定され、天皇の位は選挙などによらず、特定の血筋による継承とされています。これは、**法の下の平等（第14条）を定め、貴族の制度を認めないとしている憲法の大きな例外事項**です。

Q34-3 なぜ天皇から国民へと主権が変わったのか?

> **結論** 戦後 GHQ の方針により、**主権を国民へと移すことが決まった。**

― マッカーサー草案をもとに日本国憲法制定へ

日本を占領した**連合国軍総司令部（GHQ）**からの指示で、日本政府は**憲法問題調査委員会**（委員長松本烝治）を設置し、憲法改正案（**松本案**）を出しましたが、その内容は明治憲法の骨格を温存していました。

GHQ はこの案を拒否し、最高司令官マッカーサーの意向（天皇制維持、戦争放棄、封建制度廃止というマッカーサー三原則）を反映したマッカーサー草案を作成して日本政府に示しました。このマッカーサー草案をもとに議会での修正を加えて**日本国憲法**が制定され、天皇から国民へと主権が変わりました。

▼ **マッカーサー草案から日本国憲法へ**

Q35

日本の憲法はどうやってできたの?

明治時代に**大日本帝国憲法**が制定され、戦後に**ポツダム宣言**によって改正された。

Q35-1 そもそも憲法ってどんなものなの?

結論 国民の権利・自由を守るために、**国がやってはいけないこと・またはやるべきことについて定めた決まり**である。

— 憲法によって権力を制限するのが立憲主義

立憲主義とは、国家権力を国家の基本法である憲法によって制限し、国民の人権を守るという考え方です。法の支配における「法」は自然法をさしますが、その**自然法の理念(=人は生まれながらにして権利を有するということ)を文書化したものが憲法**です。

Q35-2 最初の憲法はどういう内容だった?

結論 天皇に強大な権限が認められ、一方、**国民の権利保障は不十分**だった。

— 日本の立憲主義の始まり

明治政府は、自由民権運動に対抗して、天皇に強い権限を与える憲法の制定をめざし、伊藤博文らをヨーロッパに派遣しました。伊藤は**王権が強かったドイツ流**の憲法理論を学び、それを手本に憲法制定を進め、1889年に**大日本帝国憲法**(明

6
章

憲法・法律

—

Q
35
日
本
の
憲
法
は
ど
う
や
っ
て
で
き
た
の
?

治憲法）が発布されました。この**大日本帝国憲法（明治憲法）によって、日本の立憲主義は始まります**。明治憲法は形式的には立憲主義にあてはまっていました。天皇には多くの権限が認められていましたが、裏返せば認められていないことはできない（**天皇の力も憲法によって制限される**）ということであり、国民の権利も「**臣民の権利**」としてですが、認められていたからです。

― 明治憲法は外見的立憲主義と呼ばれていた

ただ天皇には強大な権限が認められ、一方国民の権利保障はきわめて不十分なものでした。そのため表面（形）だけの立憲主義という意味で、**外見的立憲主義ともよばれました**。

▼ 外見的立憲主義

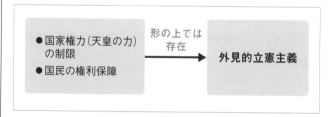

Q35-3 日本国憲法では何が変わったの？

結論 天皇は実権を持たない象徴とされ、国民には**基本的人権**が保障された。

― ポツダム宣言受諾が憲法改正につながった

第二次世界大戦に敗北した日本は、**ポツダム宣言**を受諾し降伏しました。ポツダム宣言の内容は、日本に民主主義や人

権保障の確立を求めるものであり、明治憲法とは両立できないものでした。このため**憲法の改正（新憲法制定）が必要となりました。**

▼ ポツダム宣言受託と憲法

日本国憲法の基本原理は3つ

日本国憲法は、国民主権・基本的人権の尊重・平和主義を三大原理とします。

▼ 日本国憲法3つの原則

日本国憲法		
国民主権	基本的人権の尊重	平和主義
政治の在り方を決めるのは国民であることを定めた。	人が生まれながらに持つ人権を永久不可侵であると保障した。	戦争を放棄し、また戦力も持たないことを定めた。

国民主権とは?

日本国憲法では、前文と第1条で**国民主権**を規定し、**主権が天皇から国民に移ったことを宣言しています**。主権者でなくなった天皇は、権力をもたない「象徴」という地位に置かれました(象徴天皇制)。さらに**地方自治の規定も設けられました**。

▼日本国憲法による国民主権の規定

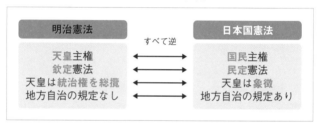

基本的人権の尊重とは?

日本国憲法では、**人権は天皇が与えた臣民(しんみん)の権利ではなく、永久不可侵(ふかしん)の(生まれながらの)権利**とされ、法律の留保も否定されました。また、20世紀の憲法として**社会権**も保障され、さらに、裁判所に**違憲法令審査権**が与えられました。

▼日本国憲法による基本的人権の尊重の規定

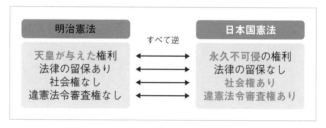

平和主義とは？

日本国憲法では、前文と第9条で、**2度と戦争をしないという徹底した平和主義を宣言**しました。戦争を前提として天皇の統帥権（軍を動かす権限）、国民の兵役の義務を規定した明治憲法とは全く異なっています。

▼ 日本国憲法と平和主義

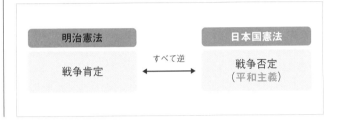

憲法と法律ってなにが違うの?

結論

憲法は**最高法規とされ法律の上位に位置し**、法律も**憲法の範囲内で制定**される。

Q36-1 憲法っていつ役に立ってるの?

結論 法律は憲法に従って制定され、全ての公務員は憲法の**尊重擁護義務**を負う。**我々が普段法に守られて暮らせるのは憲法があるため**である。

憲法は最高法規性を持つ

日本国憲法第98条では、まず「この憲法は、**国の最高法規**であつて、その条規に反する法律、命令、…国務に関するその他の行為…は、その効力を有しない」と定め、**憲法の最高法規性**を宣言しています。また続く第99条で、天皇および国務大臣・国会議員・裁判官その他の公務員は、**憲法尊重擁護義務を負う**と定めています。

Q36-2 憲法違反はどうやって判断される?

結論 最高裁が法律や命令などが憲法に適合するかどうかを判断する。

最高裁は憲法の番人

憲法第81条は、「最高裁判所は、一切の法律、命令、規則又は処分が憲法に適合するかしないかを決定する権限を有する**終審裁判所**である」と規定し、**すべての裁判所に違憲立**

法審査権を認め、最高裁判所がその最終判断を下すこと（憲法の番人であること）を宣言しています。

┌─ IMPORTANT ──────────────────────
│ ── 国民主権と人権保障（違憲立法審査権）の関係
│
│ 国民主権が人権を侵害してしまう場合がある。たとえば、キリスト教徒が大多数を占める国（従って選ばれる国会議員も多くはキリスト教徒）で、**キリスト教を公立学校で教えることを命じる法律ができ、キリスト教を信仰しない人の信仰の自由が侵害される場合**などである。
│ **国民を代表する議会が決めた法律を尊重するのは国民主権の当然の帰結であるが、それでは人権が侵害されてしまうというジレンマ**に陥る。
│
│ ── 解決の道筋は？
│ どんな権力者や多数派の国民でも侵しえない人権（権利）がある。大切な目的はこの人権保障であり、国民主権はそのための手段に過ぎない。だから、**国民主権よりも人権保障が優先される。**
│ これは言い換えれば、国民主権の結果として制定された法律よりも、人権を保障する憲法の方が優先されるということである。その具体的な現れが、議会が決めた制定法でも、憲法の人権条項に違反すれば無効とする違憲立法審査権である。
└──────────────────────────────

Q37

憲法は変えられるの?

結論

衆参各議院の総議員の3分の2以上の賛成を得た後、国民投票によって過半数の賛成を得られれば変えられる。

Q37-1 憲法改正のハードルはなぜ高いの?

結論 最高法規性を確保するために、改正条件を厳しくしている。

— 日本の憲法は硬性憲法

日本国憲法は、最高法規性を確保するため、通常の法律の制定や改正よりも厳しい憲法改正手続きを定めています。

一般の法律よりも改正条件が厳しい憲法を**硬性憲法**、法律と同じ手続きで改正できる憲法を**軟性憲法**といいます。日本はこのうち後者に該当します。

PLUS α 憲法改正の回数

国立国会図書館の調査によると、2022年時点までに主要国が憲法改正手続きを行った回数は、ドイツは**67回**・フランスは**27回**・イタリアとカナダは**19回**・中国は**10回**・アメリカは**6回**…などとなっている。対して**日本国憲法の改正回数は現時点では0回**で、**世界的に見ても改正しない期間が長い**という特徴がある。

Q37-2 憲法改正に国民の意見は反映されないの?

結論 国民投票があるので民意は反映される。天皇が最後に憲法を公布する。

憲法改正の具体的な手続きとは

衆参両院ともに、**総議員の3分の2以上の賛成によって国会が発議し、国民に提案**します。出席議員数ではなく、より厳しい総議員数が分母となっており、3分の2以上という、通常の多数決よりも厳しい特別多数決となっています。

その後**国民投票にかけ、過半数の賛成があれば改正は承認され、天皇が国民の名で公布**します。

▼ 憲法改正の具体的な手続き

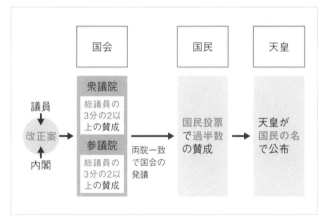

裁判の「上告」や「控訴」って何のこと?

結論
「控訴」は**第一審から第二審に上訴**すること、「上告」は**第二審から第三審に上訴**すること。

Q38-1 そもそも裁判って最大何回できるの?

結論 最大**3回**まで受けられる。

— 裁判所の種類は?

最高裁判所を頂点に、全国8か所に**高等裁判所**、各地に**地方裁判所・家庭裁判所・簡易裁判所**があります。最高裁判所以外をまとめて**下級裁判所**とよびます。

▼ 裁判所の種類

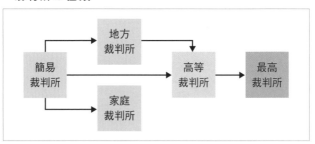

— 裁判は3回まで受けられる

裁判は**三審制**をとり、**3回まで受けることができます**。上級裁判所の判断を求めることをまとめて**上訴**といいます。第一審裁判所の**判決**に上訴することを**控訴**、第二審裁判所の**判決**に上訴することを**上告**といいます。また下級裁判所の**決定・命**

令に上訴することを**抗告**といいます。なお例外的に判決確定後に裁判をやり直す**再審**があります。

▼ 三審制

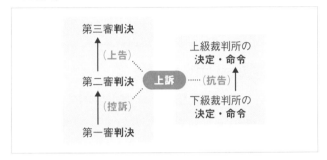

Q38-2 裁判官はどうやって選ばれるの?

結論 **裁判所の種類や地位によって異なる。**例えば、最高裁判所長官は内閣の指名に基づき天皇が任命する。

— 裁判官の任命形式は?

最高裁判所長官は**内閣の指名に基づき、天皇が任命します**（日本国憲法第6条）。

長官以外の最高裁判所裁判官は**内閣が任命し**（第79条1項）、**天皇が認証します**（第7条）。

下級裁判所裁判官は**最高裁判所の指名した者の名簿によって、内閣が任命します。任期は10年**で再任できます（第80条1項）。

Q39 裁判員制度ってどういうもの?

結論

重大な刑事事件で国民が裁判員として裁判に参加すること。

Q39-1 裁判員は具体的に何をする?

結論 裁判官とともに**合議体をつくって事実認定や量刑などを行う**。

裁判員はくじで選ばれる

国民の司法への関与(**民主的統制**)は、裁判の監視(傍聴など)と国民審査に限られていましたが、2004年に**裁判員法**(裁判員制度)が制定され、2009年よりスタートしました。**殺人罪など、一定の重大犯罪の刑事裁判**で、裁判員(6名)が裁判官(3名)とともに合議体をつくって事実認定や量刑を行う制度です(ただし、法解釈は裁判官のみで行います)。**裁判員は、国民からくじで無作為に選ばれ、一定の事由があるとき以外、原則として辞退できません**。なお、裁判員制度が行われるのは第一審(地方裁判所)のみです。

Q39-2 アメリカなどの陪審制とは違うの?

結論 陪審制は**裁判官と陪審員が合議体をつくらず**違う問題を判断するが、**裁判員制度は合議体をつくり**同じ問題を判断する。

諸外国における司法参加（陪審制と参審制）

諸外国において、国民が司法に参加する制度には**陪審制**と**参審制**があります。陪審員・参審員は国民から無作為に選ばれます。裁判官の関与しない事実認定で無罪・裁判終了もありえる**陪審制の方が、裁判に対する国民の影響力は強い**といえます。なお、日本の裁判員制度は裁判員と裁判官が合議体を形成するという点では**参審制**に近いですが、法解釈は裁判官のみで行う点では**参審制**と異なります。

▼ 陪審制と参審制の違い

制度	内容
陪審制	**事実認定**は陪審員が裁判官から独立して行い、その後の**法解釈や量刑**など法律判断は裁判官が行う。
参審制	**事実認定・法律判断**のいずれも、参審員と裁判官が合同で行う。

▼ 陪審制と参審制の流れの違い

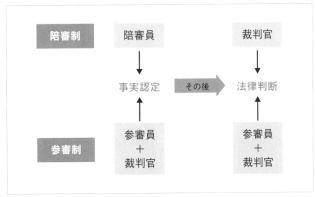

7 章

国際

この章で扱う主なTOPIC

Q40

国際法ってどんなものがある?

国際慣習法と条約から構成される。

Q40-1 そもそも国際法とは?

結論 **主権国家をメンバーとした国際社会のルール**のこと。

― 国際社会の始まりはウェストファリア条約

「国際社会」とよばれるものは、1648年のウェストファリア条約から始まったとされます。**三十年戦争**(1618〜1648年)の講和のために結ばれたこの条約で、各国は相互に平等で独立した主権を認め合いました。ここに他国の支配・干渉を受けない独立国家である**主権国家**を基本単位(メンバー)とする社会、すなわち**国際社会**が成立しました。

▼ **三十年戦争から国際法の成立へ**

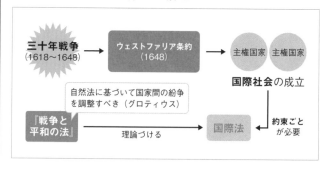

国際法の父はオランダのグロティウス

国際社会の決まりごとが国際法です。国際法を最初に理論づけたのは、「**国際法の父**」といわれるオランダの**グロティウス**でした。彼は主著『**戦争と平和の法**』の中で、自然法の原理に基づく国際法によって、国家間の争を調整すべきだと主張しました。国際法には**国際慣習法**と条約があります。

Q40-2 国際慣習法ってなに？

結論 **国際社会の慣行**が法として認められたもので、成文化されていない。

国際慣習法は文章になっていない

国際慣習法は文書化されていません。代表的な国際慣習法には、各国が公海を自由に使用できる**公海自由の原則**、外交官が任地で特権を認められる**外交特権**などがあります。
一方で**条約**は国家間の合意を文書にしたものです。**現在では国際慣習法の多くが条約化されています。**

▼ 国際慣習法と条約

国際法 ── 国際慣習法（慣行が法となる。不文である）

国際法 ── 条約（国家間の合意を文書にする）

Q41

国際連合ってどんな組織なの?

結論

世界の平和と安全の維持、国際協力の推進を目的とする国際機構。第二次世界大戦を防げなかった国際連盟に代わり、1945年に設立された。

Q41-1 具体的にどういう組織?

結論 ❶総会、❷安全保障理事会(安保理)、❸経済社会理事会、❹信託統治理事会、❺国際司法裁判所(ICJ)、❻事務局の6つの主要機関からなる。

─ 国際連盟の反省を踏まえて

1920年、第一次世界大戦を防げなかった反省のうえに、集団安全保障の考えに基づく史上初めての国際機構として国際連盟が生まれました。しかし**国際連盟には次のような欠陥があり、結果的に第二次世界大戦を防げませんでした。**

POINT
─ 国際連盟の失敗の要因

❶**全会一致制**…議決方式が原則としてすべての加盟国の賛成を必要とする全会一致制であったため、迅速な意思決定ができなかった。

❷**不十分な強制力**…決定は法的な拘束力のない勧告にとどまり、また侵略国への制裁も経済制裁に限られていた(軍事制裁はできなかった)。

❸**大国の不参加**…アメリカが上院の反対で加盟できず、また社会主義国ソ連も当初は加盟を許されなかった。

新しい平和機構の構想

第二次大戦中の1941年、アメリカ大統領**ローズヴェルト**とイギリス首相**チャーチル**が**大西洋憲章**を発表し、その中で**国際連盟に代わる新しい国際平和機構の構想を打ち出しました。**

そして1944年の**ダンバートン＝オークス会議**で憲章の原案ができ、1945年6月の**サンフランシスコ会議**で国際連合憲章が採択され、同年10月に国際連合が発足しました。

国際連合ははじめ、**51か国**でスタートしましたが、現在では地球上のほぼすべての国が加盟しています（2024年現在の加盟国数193か国。**バチカン市国などは未加盟**）。本部は**ニューヨーク**にあります。

国際連合の組織

国際連合には、以下のような6つの主要機関があります。ここではまず、特に重要な総会から説明します。

▼ 国連の組織図

❷安全保障理事会　❶総会　❹信託統治理事会
❸経済社会理事会　❺国際司法裁判所
❻事務局

├ 国際労働機関（ILO）
├ 国連食糧農業機関（FAO）
├ 国連教育科学文化機関（UNESCO）
├ 世界保健機関（WHO）
├ 国際通貨基金（IMF）
├ 国際復興開発銀行（IBRD）
└ 国際開発協会（IDA）

├ 国連児童基金（UNICEF）
├ 国連難民高等弁務官事務所（UNHCR）
├ 国連貿易開発会議（UNCTAD）
├ 国連開発計画（UNDP）
└ 国連環境計画（UNEP）

これらの中で最も重要な総会は、**全加盟国により構成される国連の最高議決機関**です。主権平等の原則から、国の大小に関係なく**1国1票で重要事項は3分の2以上**、それ以外は過半数の多数決で決議されます。あらゆる問題を討議できますが、法的拘束力のない**勧告**しかできません。

Q41-2 ニュースでよく聞く安保理って何をしている？

結論 国際社会の平和と安全に責任を負う機関。**非軍事的措置（経済制裁など）だけでなく、軍事的措置もとれる**。安保理の決定は、国連加盟国を法的に拘束する。

安全保障理事会（安保理）の構成

安保理は、アメリカ・イギリス・フランス・ロシア・中国の**常任理事国5か国**と、**任期2年で地域ごとに選出される非常任理事国10か国**からなります。

議決は9理事国以上の賛成で決まりますが、手続き項ではなく重要な**実質事項**では、常任理事国すべての賛成が必要です（**五大国一致の原則**）。5大国は**拒否権**をもち、1国でも反対すれば否決となります。

IMPORTANT

そのほかの国連の組織

経済社会理事会…多くの専門機関と連携し、**国際協力を推進する機関**。任期3年の54理事国で構成される。

信託統治理事会…**信託統治地域**（まだ十分に自立できないため、国連（国連が指定した国）が統治する地域）**の独立援助**を任務とする機関。最後の信託統治地域であったパラオが独立し、現在任務は終了している。

国際司法裁判所（ICJ）…**国際紛争を裁く裁判所。任期9年**の15人の裁判官で構成される。国家を当事者とし、個人は当事者になれない。強制管轄権（強制的に裁判を始める権限）がないため、裁判所の開始には紛争当事国の同意が必要であり、紛争解決機能は不十分である。違法なことをした国が裁判に同意するはずがないからである。

事務局…**国連の事務処理機関。**任期5年の**事務総長**は、平和維持活動の指揮権をもち、さらに国連の顔として大きな影響力をもっている。

Q42

アメリカとロシアはなぜ対立しているの?

結論

冷戦時代の激しい対立の影響がまだ残っていて、それが現在も根底にある。

Q42-1 そもそも冷戦ってどういうもの?

結論 第二次世界大戦後、アメリカとソ連との間で続いた厳しい対立を指す。**直接戦火を交えることはなかったため、冷たい戦争＝冷戦とよぶ。**

― 冷戦は資本主義と社会主義の戦い

第二次世界大戦後の世界は、抜きんでた軍事力と経済力をもつ**アメリカ合衆国**と**ソビエト連邦**（ソ連）が、超大国としてそれぞれの同盟国を率いて対立する構造となりました。米ソの直接的な武力衝突（熱い戦争）にはならなかったものの、軍拡競争と緊張した厳しい対立が続き、**冷たい戦争**（冷戦）とよばれました。

KEYWORD

東西対立

アメリカ側は資本主義（自由主義）の立場をとり、西側または**資本主義（自由主義）陣営**とよばれる。ソ連側は社会主義（共産主義）の立場をとり、東側または**社会主義（共産主義）陣営**とよばれた。この両者の対立の図式を東西対立という。

冷戦の終結はいつ？その後どうなった？

> **結論** 1989年にソ連側の社会主義政権が次々と倒れ、この
> 年冷戦は終結した。後にソ連も崩壊した。

冷戦の終結へ

1989年にソ連の影響下にあった東欧諸国の共産党政権が相
次いで倒れ（**東欧革命**）、冷戦の象徴だった**ベルリンの壁**が
崩壊しました。このような経過の中で、米ソ首脳（アメリカ大
統領ブッシュ、ソ連共産党書記長ゴルバチョフ）が冷戦の終結を
宣言しました（マルタ宣言）。**1990年には東西ドイツが統一**さ
れ、1991年にはソ連を構成していたウクライナなど各共和国
が独立して、**ソビエト連邦は消滅しました**（なお国連の安保理
常任理事国など、**旧ソ連の地位はロシアが継承**した）。

その後の米ロ関係

アメリカは、ロシアをサミット（主要国首脳会議）の正式メン
バーに加えるなど、ロシアとの協力関係の維持・拡大をめざ
しました。しかし一方では、**かつてソ連の傘下にあった東欧
諸国や旧ソ連諸国を西側の軍事同盟であったNATOに加盟さ
せる**などロシアが反発する行為も行い、結局、**米ロの対立関
係は続いたまま**です。

Q43 核兵器を持っているのは どの国?

結論 核兵器不拡散条約（NPT）により、**米・露・英・仏・中**に保有が認められている。また**インド**、**パキスタン**、**イスラエル**、**北朝鮮**などが核を保有していると言われている。

Q43-1 核兵器不拡散条約(NPT)って何?

結論 核の非保有国が、新たに核兵器を保有することを禁止する条約。NPTに加盟した核の非保有国はIAEAの査察を受ける。

核の管理に向けて

1960年代、冷戦の緊張緩和の流れやキューバ危機の教訓から、核保有国が核の管理をめざすようになります。以降、核管理や核軍縮に向けて様々な条約が結ばれました。

PLUS α 核兵器の分類

核兵器は射程距離で3つに分類される。

❶長距離…戦略核兵器

❷中距離…戦域核（中距離核）兵器

❸短距離…戦術核兵器

なお、戦略核兵器は射撃距離が長く、敵の重要軍事施設など、戦略目標を攻撃する核兵器である。ICBM（射程6400キロ以上の大陸間弾道ミサイル）やSLBM（原子力潜水艦に搭載され発射される潜水艦発射弾道ミサイル）などを運搬手段とする。

NPTのほか、これまで結ばれてきた条約の中では、**部分的核実験禁止条約（PTBT）や包括的核実験禁止条約（CTBT）** などで、核実験を制約・禁止しようとしてきました。

2021年には核兵器の開発・保有・使用などあらゆる活動を禁じる核兵器禁止条約（TPNW）が発効しましたが、**アメリカの核抑止力に守られる日本はこれに参加していません。**

▼ 核管理・核軍縮に関する主な多国間の条約

条約名	内容
部分的核実験禁止条約 （PTBT）	地下核実験を除く大気圏内・宇宙空間・水中での核実験を禁止する条約。米・英・ソが1963年調印。日本は1964年批准。
核兵器不拡散条約 （NPT）	核の非保有国が、新たに核兵器を保有することを禁止する条約。1968年米・英・ソ（当時）と非保有国53か国が調印。採択時すでに核保有国となっていた、米・露・英・仏・中には保有が認められる不平等な条約である。
包括的核実験禁止条約 （CTBT）	爆発をともなうすべての核実験を禁止する条約。ただし、爆発を伴わない実験（核分裂手前までの未臨界実験など）は可能なうえ、アメリカなどの未批准で条約発効のめども立っていない。
核兵器禁止条約 （TPNW）	核兵器の使用を非人道的とし、その開発・製造・保有・使用あるいは使用の威嚇などの活動を禁止する条約。米・露・中などの核保有国、アメリカの核の傘のもとにある日本などは参加していない。

Q43-2 IAEAって何？

結論 正式名称は国際原子力機関。原子力の平和利用促進をめざし、**核物質等が軍事に利用されていないか査察**する。

IAEAの役割とは

核物質は平和目的にも軍事目的にも使用できるため、**原子力の平和利用拡大は常に核兵器拡散の危険が伴います**。そのため国際原子力機関は、原子力の国際管理（軍事利用の防止と平和利用の促進）を目的に 1957 年に設立されました。IAEA は、この目的のために**核査察**を行っています。

・KEYWORD

核査察

核査察とは、主にウランやプルトニウムなどの核物質が核兵器に転用されていないかを確認すること（秘密のうちに核開発をしていないかを調べること）である。

どうしてパレスチナでは紛争が多いの?

結論

パレスチナにはユダヤ教、キリスト教、イスラム教の聖地エルサレムがあり、**それぞれの利害関係が複雑に絡んでいる**ため。

Q44-1 そもそもパレスチナではどんな争いが起きているの?

結論 パレスチナの土地をめぐって、**パレスチナ人とユダヤ人が争っている。**

― パレスチナ紛争とは

パレスチナ紛争は、パレスチナの土地をめぐる**ユダヤ人とパレスチナ人**（パレスチナに住んでいるアラブ人）との紛争です。1948年の**イスラエル建国後、それにともない土地を追われたパレスチナ難民やそれを支援するアラブ諸国とイスラエルとの間で紛争が続いています**。この紛争には4度の戦争（第一次〜第四次中東戦争）が含まれており、第四次中東戦争が**1973年の第一次石油危機（オイルショック）**の原因になるなど、国際社会にも大きな影響を及ぼしてきました。

― いったん解決に見えたが、結局再燃…

1993年には、イスラエルとPLO（パレスチナ解放機構、パレスチナ人（難民）を代表する政治組織）との間で**パレスチナ暫定自治協定（オスロ合意）**が結ばれ、パレスチナ自治政府が設立されて一時解決の方向に動き出しましたが、**その後紛争は再燃し解決は遠のきました。**

> **結論** パレスチナのガザ地区を実効支配している武装組織である。

― ハマス誕生の背景は?

ハマス（HAMAS）は、「イスラム抵抗運動」（Haraka al-Muqawama al-Islamiya）を意味するアラビア語の頭文字を並べたものです。社会福祉活動を行っていた前身団体を母体に、1987年に起こった**インティファーダ**（イスラエルに対するパレスチナ人の反占領闘争）を機に軍事部門を伴って創設されました。

― イスラエルとハマスの対立

反イスラエルを標榜するハマスは、イスラエルとの和平を目指そうとするPLOとは基本的に対立関係にあります。そして**2006年には選挙でファタハ（PLOの主流派組織）に勝利し、2007年以降はガザ地区を実効支配**しています。

その後ハマスからイスラエルに攻撃が行われたり、報復としてイスラエル側がハマスを攻撃し、ガザ地区などで民間人にも犠牲がでるなど、混乱が続いています。

Q44-3 なぜアメリカはイスラエルを支持するの?

> **結論** ❶**ユダヤ教とキリスト教の深いつながり**や、❷**ユダヤ人がアメリカでも強い影響力をもつこと**、❸**第二次大戦でのユダヤ人虐殺**などが関係するとされる。

― イスラエルとアメリカの関係

イスラム教を信仰対象とするアラブ諸国は同じイスラム教を

信仰するパレスチナを支持し、ユダヤ教を国の基盤とするイスラエルと対立しています。

一方で、**アメリカはイスラエルを支持しており、これには宗教的・経済的・歴史的な様々な背景が関係している**と言われています。

POINT

— 宗教的背景

アメリカ国民の4人に1人を占め、アメリカ最大の宗教勢力とされるキリスト教福音派は、**同じ旧約聖書をよりどころとするユダヤ教のイスラエルに強い親近感を抱き**、聖書の言葉をもとに「イスラエルは神の意志で建国された」としてイスラエルを一貫して支持している。

— 経済的背景

ユダヤ人の中にはアメリカでの成功を収めた人が多く、アメリカ政財界や金融界などで大きな影響力を持っている。また**豊富な資金力と票を武器とするユダヤ系圧力団体の働きかけ**もアメリカのイスラエル支持につながっているとされる。

— 歴史的背景

アメリカ人の中に第二次世界大戦時の**ナチスドイツによるユダヤ人大虐殺を踏まえ、二度と同じような悲劇があってはならないという強い思いがあること**も、アメリカのイスラエル支持につながっていると言われる。

ただそんなアメリカでも、**近年では若年層を中心に、子どもや民間人の犠牲を顧みないイスラエルの軍事的姿勢に疑問を持つ人々が増えており**、今後の動向に注目が集まっています。

なおパレスチナ紛争におけるアメリカの一貫したイスラエル支持はイスラム系の人々の反感を買っています。それが**イスラム系テロ組織がアメリカを標的とする理由の一つ**になっており、これらが同時多発テロやイラク戦争にも関係しています。

POINT
ー アメリカとイスラム系テロ組織との戦い

2001年、**アメリカ**でイスラム原理主義テロ組織**アルカイダ**（首謀者**ウサマ=ビンラディン**）による空前の規模の**同時多発テロ**が発生した。アメリカはテロとの戦いを戦争と位置づけ（対テロ戦争）、同年アメリカは、アルカイダとの関係を理由にアフガニスタンの**タリバン**政権を攻撃し崩壊させた。また**2003年**にはイラクの**フセイン政権**を、国際テロの支援と大量破壊兵器の保持を理由に攻撃し崩壊させた（**イラク戦争**）。

どうしてロシアは
ウクライナを狙うの?

結論

ロシアには**❶ウクライナとロシアはもともと一体であるという考え**があり、**❷ウクライナのNATO加盟を阻止したいという思惑**があるから。

Q45-1 「もともと一体である」ってどういうこと?

結論 ロシアとウクライナがもともと「キエフ・ルーシ」という同じ国家にルーツを持つという考えから、このように主張している。

― 昔は一つの国家、一つの民族

ロシアは、ロシアとウクライナはもともと同じ**キエフ・ルーシ**にルーツを持つとし、**ウクライナとは一つの国家、民族であったと主張**しています。このため、ロシアはウクライナが欧米諸国に近づくのを阻止したいのです。

IMPORTANT

― キエフ・ルーシとは

世界史では「**キエフ大公国**」と習うこともあるが、正式にはキエフ・ルーシと呼ぶ。これは現在のウクライナとロシアにまたがる国家だった。

この国家は、ルーシ族(を率いたリューリク)がノヴゴロド国を建国後、その一族であったオレーグという人物が**キエフ**を占領して都を移したことで成立した。

このときの**キエフ**こそが、現在のウクライナの首都**キーウ**(キエフ)にあたる。

「キエフ」から「キーウ」に呼び方が変わったワケ

ロシアの侵攻後、ウクライナの首都の日本語呼称を従来の「キエフ」ではなく「キーウ」と表現するようになった。

この「キエフ」という表記はロシア語の発音（Kiev）に由来するもの。現在侵攻している側の発音で呼ぶのは避けた方が良いとのことで、ウクライナ語の「Kyiv」に基づいたキーウという呼び方に変更となっている。

Q45-2 ウクライナのNATO加盟を阻止したいのはなぜ？

結論 NATOはそもそも冷戦時に西側諸国が旧ソ連に対抗するための軍事同盟として生まれたものであり、その勢力が拡大するのを恐れているから。

― NATOの起源は冷戦時

冷戦前期において、アメリカ陣営とソ連陣営の間には様々な面で対抗的な構図が出来ました。その中でも軍事面でソ連に対抗すべく作られたのがNATOであり、反対にソ連陣営にはワルシャワ条約機構という軍事同盟がありました。

▼ 米ソ対立の構図

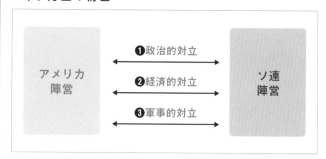

❶ 政治的対立

1947年、アメリカ大統領トルーマンは**トルーマン・ドクトリン**を発表し、ソ連の勢力圏の拡大阻止のため、封じ込め政策を実施することを宣言。これに対し、ソ連は同年**コミンフォルム**（共産党情報局）を結成し、ソ連と各国共産党との情報交換を密にして社会主義陣営の結束強化を図った。

❷ 経済的対立

1947年にアメリカのマーシャル国務長官が**マーシャル・プラン**を発表し、アメリカの経済援助によってヨーロッパ諸国の復興と自立を図り、社会主義化を阻止しようとした。これに対しソ連や東欧諸国は1949年に経済協力組織として**経済相互援助会議**（COMECON）を設立した。

❸ 軍事的対立

1949年に西側諸国は、軍事同盟として**北大西洋条約機構**（NATO）を結成。東欧諸国は対抗して、1955年に**ワルシャワ条約機構**（WTO）を結成した。

ソ連の崩壊とともにワルシャワ条約機構は解体されましたが、NATOは存続しました。すると東欧諸国や旧ソ連諸国は次々とNATOへの加盟を希望し、認められました。これには、将来再びロシアの脅威にさらされることを恐れたことや、加盟して民主主義国として安定した経済成長をめざしたいという思惑がありました。これを「NATOの東方拡大」と呼びますが、**ロシアからすれば、かつての対ソ軍事同盟の拡大であり、新たな封じ込め政策に映りました。**

▼ NATO加盟国の変遷

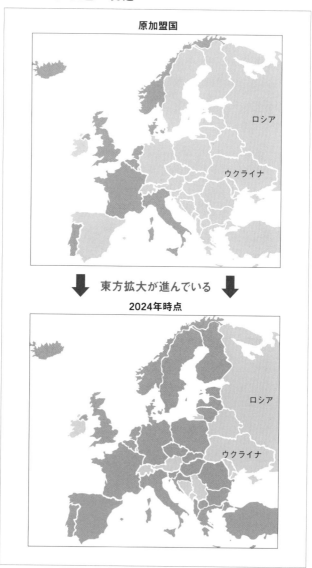

原加盟国

↓ 東方拡大が進んでいる ↓

2024年時点

ウクライナのNATO加盟を阻止したいロシア

そんな中、ロシアにとって歴史的にも深いつながりがあり、そして地理的にも要所であるウクライナがNATOへの加盟を希望するようになりました。**ロシアのウクライナ侵攻には、これをどうしても防ぎたいという思惑**があるとされています。

8章

安全保障

この章で扱う主なTOPIC

Q46 自衛隊って憲法9条違反じゃないの?

結論

政府は憲法違反でないという立場を取っており、裁判所は憲法判断を避けている。

Q46-1 そもそも憲法9条にはどんな内容が含まれているの?

結論 戦争放棄、戦力不保持、交戦権の否認である。

— 憲法における平和主義とは?

憲法は、以下のように平和主義を規定しています。

● KEY SENTENCE

前文

「全世界の国民が、ひとしく恐怖と欠乏から免(まぬ)かれ、平和のうちに生存する権利を有する」⇒**平和的生存権**

第9条1項

「国権の発動たる戦争と、武力による威嚇(いかく)又は武力の行使は、国際紛争を解決する手段としては、永久にこれを放棄(ほうき)する」⇒**戦争放棄**

第9条2項

「陸海空軍その他の戦力は、これを保持しない」

⇒**戦力不保持**

「国の交戦権は、これを認めない」

⇒**交戦権の否認**

政府（内閣）の立場は？

政府は**第9条**を以下のように解釈し、**自衛隊は憲法違反ではない**としています。なお、国会もほぼ同様の立場です。

POINT
ー 内閣の考え方

❶第9条1項で戦争を放棄したが、**独立国家に固有な自衛権まで放棄したわけではない。**

❷第9条2項で戦力は禁止されたが、「戦力」とは、**自衛のための必要最小限度を超えるもの**を指す。自衛隊はそれを超えておらず、戦力ではない。**自衛**のための必要最小限度の実**力**（略して**自衛力**）である。

裁判所の姿勢は？

内閣と国会が自衛隊を合憲と判断する中で、**裁判所は以下のように判断を避ける立場**をとっています。

POINT
ー 裁判所の考え方

長沼ナイキ基地訴訟[*1]で以下のような判断が示された。

❶一審（札幌地裁1973年）：自衛隊は第9条2項で**禁止**する戦力にあたるとし、**憲法違反**と判断（裁判長の名から福島判決と呼ばれる）

❷二審（札幌高裁1976年）：**統治行為論**を使い、憲法判断をせず。

❸最高裁（1982年）：**統治行為論**は使わなかったが、訴えの利益なし、と住民側の上告を棄却。憲法判断せず。

*1　自衛隊のミサイル基地建設（北海道長沼町）に反対する住民と国が争った裁判

統治行為論

高度な政治的判断に基づき内閣や国会が行う行為（統治行為）については、裁判所による判断が可能であっても、司法審査の対象から除外する（判断をしない）という理論。

統治行為論には批判もある

統治行為論の背景には、高度な政治問題は、国民が選んだ国会や内閣が決めるべき（民意で決めたほうがよい）という**民意重視**の考えがあります。しかしそれでは憲法第81条が違憲審査権（→ **Q36**）を裁判所に与えた意味がなくなってしまう、という批判もあります。

憲法判断をしない最高裁

他の事件でも、**自衛隊が問題となった裁判では、最高裁判所は理由をいろいろとつけて憲法判断を一度もしていません**。民意で決めるべきだというのが最高裁の考え方です。

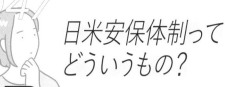

日米安保体制って どういうもの?

結論

日米安全保障条約を中心にして構築される日本とアメリカとの同盟関係をいう。

Q47-1 どうして日米安保体制があるの?

結論 そもそもは冷戦の中で**旧ソ連に軍事的に対抗すること**を**目的**としていた。

— 1951年に「安保条約」が締結される

1951年サンフランシスコ平和条約の締結で占領は終結し、日本は独立を回復しました。同時に**日米安全保障条約（安保条約）**が結ばれ、日本は安全保障（国家の安全を守ること）をアメリカに託し、アメリカ軍の駐留を決めました。これにより、**冷戦体制の下で西側陣営の一員となることが確定**し、日米安保体制がスタートしました。

— 「新安保条約」締結で共同防衛義務が決まる

安保条約は1960年に改定され、**新日米安全保障条約**になります。締結に際して「アメリカの起こす戦争に巻き込まれる」という反対論が起こり、激しい**安保反対闘争**が起こりました。新安保条約に基づき、在日米軍の取り扱いなどを定める**日米地位協定**も締結されました。

共同防衛義務

新安保条約では、日米の共同防衛義務が明記され、**旧条約であいまいだったアメリカの日本防衛義務が明確化された**。また駐留アメリカ軍の装備や配置の重要な変更、日本の基地からの戦闘作戦行動などについて日米間で事前協議を行う**事前協議制**が導入された。

Q47-2 冷戦が終わった今も続いているのはなぜ？

結論 冷戦後に**「アジア大平洋地域の平和・安定」のために必要**という形で**再定義**したため。

─ 日米安全保障共同宣言で安保体制を再定義

冷戦に対応していた日米安保条約は、冷戦終結により見直しが必要となりました。このため1996年、**日米安全保障共同宣言（日米安保体制の再定義）** が行われました。**対ソ連ではなく、アジア太平洋地域の平和・安全のために日米安保が重要であると定義を改めた**のです。

▼ 日米安保体制の変化

安保条約	新安保条約	安保体制の再定義
冷戦下において、西側陣営の一員となることが確定	これにより、日本の共同防衛義務が明記される	日米安保体制＝アジア地域の平和安全のためと再定義

深まる自衛隊とアメリカ軍との協力関係

　2015年には安全保障関連法が制定され、存続危機事態においては、長年日本政府が憲法違反となるとしていた**集団的自衛権の行使（他国（アメリカ軍）への攻撃排除のために自衛隊が武力行使すること）が限定的に可能**となった。また重要影響事態においては，**地域の制約なく自衛隊のアメリカ軍への後方支援が可能**となった。このように、自衛隊とアメリカ軍の協力関係は深まっている。

9章

人権

この章で扱う主なTOPIC

Q48

公共の福祉って何?

結論

「他者の人権」あるいは「みんなの幸せ」という意味。これにより人権が制約されることもある。

Q48-1 なぜ公共の福祉が必要なのか?

結論 人権の行使によって、他人の人権が侵害されてしまうのを防ぐため。

公共の福祉とは

公共の福祉とは、「**他者の人権**」あるいは「**みんなの幸せ**」という意味です。

憲法は人権を保障する一方で、これらの人権も全く無制約ではなく、人権が**公共の福祉**によって制約されることを明記しています。**人権の行使が無制限に行われ、これによって他者の人権が侵されてしまってはいけないから**です。

Q48-2 具体的にどうやって制約するの?

結論 「自由国家的公共の福祉」と「社会国家的公共の福祉」の2パターンの制約がある。

公共の福祉は2種類ある

公共の福祉には2つの種類があり、制約のパターンも2つに大別されます。1つは**自由国家的公共の福祉**で、もう1つが**社会国家的公共の福祉**です。

自由国家的公共の福祉とは？

まず、1つめの「自由国家的公共の福祉」について説明します。**憲法第12条・13条**の公共の福祉は、どんな人権（ただ内容的には主に自由権）にもあてはまる人権相互の衝突を調整するための**実質的公平の原理**（どんな人権も他者の人権を踏みにじっては行使できないという、すべての人権がもつ内在的制約）を表しています。これを、**自由国家的公共の福祉**とよびます。**表現の自由が他人のプライバシーの権利と衝突する場合**などがこれに該当します。

● KEY SENTENCE

第12条

*この憲法が国民に保障する自由及び権利は、国民の不断の努力によつて、これを保持しなければならない。又、国民は、これを濫用してはならないのであつて、常に**公共の福祉**のためにこれを利用する責任を負ふ。*

第13条

*すべて国民は、個人として尊重される。生命、自由及び幸福追求に対する国民の権利については、**公共の福祉**に反しない限り、立法その他の国政の上で、最大の尊重を必要とする。*

社会（福祉）国家的公共の福祉とは？

第22条・29条の公共の福祉は福祉国家（主に社会権）実現のために、経済活動の自由を特別に制約するための原理（内在的制約ではなく政策的制約）を表しています。

これが**社会（福祉）国家的公共の福祉**とよばれるものです。

経済的弱者（例えば小さな商店街）保護のために、大企業（例えば大型スーパー）の経済活動を規制する場合などがこれにあたります。必要最小限の制約である自由国家的公共の福祉より幅広い制約となります。

KEY SENTENCE

第22条

①何人も、**公共の福祉**に反しない限り、居住、移転及び職業選択の自由を有する。

第29条

①財産権は、これを侵してはならない。

②財産権の内容は、**公共の福祉**に適合するやうに、法律でこれを定める。

Q49 表現の自由があれば何を言ってもいい?

結論

公共の福祉による制約がある。ただ表現の自由の重要性から、**その制約は、必要最小限にとどめられる。**

Q49-1 表現の自由ってそもそもなに?

結論 **自分の思考を外部に発表する自由。**これを保障するため、**検閲の禁止**や**通信の秘密**が保障されている。

表現の自由とは

表現の自由とは、**精神内部の思考を、外部に発表する自由**のことを指します。内心を外部に発表したり、また発表された他者の思考に接したりすることを通じて、個人の精神、文化、学術は発展するため、表現の自由は重要といえます。

さらに思想や言論の自由なやり取りは、選挙を主な手段とする民主主義の基礎としても重要になります。なお、**表現の自由を受け手側からとらえると、新しい人権としての知る権利となります。**

検閲の禁止と通信の秘密とは

憲法第21条1項では、「集会、結社及び言論、出版その他一切の表現の自由は、これを保障する」と定め、第2項では、**検閲の禁止、通信の秘密**を制度として保障しています。それに関連して、1999年に成立した**通信傍受法**（一定の犯罪捜査において、電話等の傍受を認めるもの）は通信の秘密を侵すのではないかと批判されています。

結論 ヘイトスピーチや他人のプライバシーを傷つけるなど**公共の福祉の制約を受ける場合。**

― 制約は受けるが、慎重な議論がされる

表現の自由も**公共の福祉**による制約を受けます（他人のプライバシーを傷つける場合など）が、その場合もその重要性から、制約は慎重に考える必要があります。最高裁判所ではこれに関し、二重の基準という考え方を採用しています。

・KEYWORD

二重の基準

経済の自由の場合は**幅広い制約を許す**が、精神の自由（とりわけ表現の自由）の場合は、**慎重・厳格に必要最小限の制約にとどめる**、という**二重の基準**（ダブルスタンダード）を採用している。

信教の自由はどこまで許されているの?

結論

他の人種と同様、他者の権利を侵害しない範囲で許される。
なお政治に関しては、政教分離の原則が定められている。

Q50-1 信教の自由ってそもそもなに?

結論 ❶信仰をもつ/もたない自由や❷宗教的な行為をする/しない自由、❸宗教団体として活動する/しない自由などのことを指す。

信教の自由とは

信教の自由とは、どんな**宗教を信じても、また信じなくても自由であるということ**です。

信教の自由は信仰の自由、宗教的行為の自由、宗教的結社の自由という3つの側面をもっています。それぞれの内容は、以下の表を確認しましょう。

▼ 信教の自由の内容

信仰の自由	信仰をもつ自由や信仰をもたない自由。また自身の信仰を告白する自由、自身の信仰を告白しない自由を指す。
宗教的行為の自由	礼拝、祈祷、儀式その他の宗教上の行為を行い、参加する自由。もしくはこのような行為をしない自由を指す。
宗教的結社の自由	信仰を同じくする者が宗教団体を設立し、活動する自由、宗教団体に加入する自由。また宗教団体に加入しない自由もこれに当たる。

Q50-2 政教分離の原則とは？

結論 国家と宗教が結びつくのを禁じるもの。

政教分離の原則とは

信教の自由を保障するため、制度として国家と宗教が結びつくことを禁じる**政教分離の原則**が定められています。これは、かつて日本は神道（神社を中心とする日本の民族宗教）と結びつき、それが他宗教への弾圧、軍国主義へとつながったという反省から生まれたものです。

政教分離に関する様々な判例

政治と宗教の関係に関しては、これまでいくつか最高裁で判断が行われた判例があります。

▼ 政教分離の原則に関する判例

主な判例	内容
津地鎮祭訴訟	三重県津市が体育館建設にあたり、市の公金で工事の地鎮祭（工事の安全を願う神道形式の儀式）を行った。これが政教分離に反するかが問われたが、最高裁（1977年）は反しないとした。
愛媛玉串料訴訟違憲判決	愛媛県が、靖国神社に対する玉串料（神社に奉納する金銭）を公金から支出した問題で、最高裁（1997年）は政教分離に反し違憲であるとした。
砂川政教分離（空知太神社）訴訟違憲判決	北海道砂川市が、所有する敷地を市内の神社に無償提供していた問題で、最高裁（2010年）は政教分離に反し違憲であるとした。
沖縄孔子廟政教分離訴訟違憲判決	沖縄県那覇市が公有地を孔子廟（孔子を祀る施設）に無償提供していた問題で、最高裁（2021年）は政教分離に反し違憲とした。

信教の自由は自由権の1つ

信教の自由は、**自由権**の1つです。自由権には、❶**精神の自由**、❷**人身（身体）の自由**、❸**経済の自由**の3種類があり、このうちの精神の自由として、信教の自由が保障されています。**精神の自由はこのほかに、思想・良心の自由、表現の自由、学問の自由があります。**

▼ **自由権の内容**

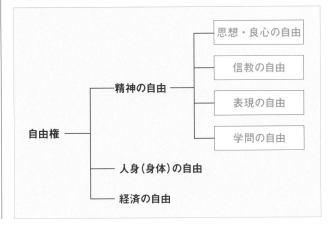

Q51

知る権利があればなんでも調べてよい?

結論

プライバシーの権利などによって制限される。

Q51-1 知る権利は主にどんなところで使われるの?

結論 国や地方公共団体に対して、**情報開示を求めるような権利としての役割が強い。**

知る権利とは

知る権利は、**国民が必要な情報を自由に知ることができる権利**です。表現の自由を、受け手側からとらえた権利ともいえます。**国民主権**(前文や第1条)、**幸福追求権**(第13条)、**表現の自由**(第21条)などがこの権利の根拠となります。**表現の自由**は、受け手側に情報を得る自由(**知る権利**)がなければ、その目的を達成できません。また必要な情報がなければ国民は正しい意見を表明できない(正当な表現の自由が行使できない)ので、主権者として正当な行動ができません。ゆえに国民主権や表現の自由が知る権利の根拠になるのです。

IMPORTANT

「知る権利」の変遷

知る権利は、初め「知ること」を国から妨害されない権利(**国の不作為を求める自由権**)として主張されたが、現在では、国や地方公共団体が持つ情報の開示を求める権利(**国の作為を求める社会権**)という性格が強くなっている。

知る権利に関連して…

知る権利に関連して、地方公共団体では、かなり以前から情報公開条例が制定されてきました。国レベルでは1999年にようやく**情報公開法**が制定され、外交・防衛などを除き、中央省庁が持つ行政文書などの情報が開示されることになりましたが、この法律に「知る権利」は明記されていません。また知る権利に関連して、マスメディアの報道に対して反論したり、訂正を求める**アクセス権**も主張されていますが、まだ確立されていません。

Q51-2 プライバシーの権利ってどんなもの？

結論 私生活をみだりに公開されない権利。自分に関連する情報を自分で管理する権利もこれに含まれる。

プライバシーの権利とは

プライバシーの権利は、はじめ私生活をみだりに公開されないという**消極的・自由権的権利**でしたが、現在は自分に関する情報を自分で管理するという**積極的・請求権的権利**の側面も持ちます。国家に対してだけではなく、私人間でも主張できます。憲法13条、21条2項、35条などが根拠です。

プライバシーの権利にまつわる法律

1999年制定の通信傍受法、改正住民基本台帳法、2013年制定のマイナンバー法は、**プライバシーの保護の観点から問題視する見解も**あります。一方で、2003年制定の個人情報保護法は、行政機関に加えて民間業者にも個人情報の適正な取り扱いを義務づけています。

結論 肖像権侵害にあたる可能性がある。

— 肖像権とは

肖像権は、プライバシーの権利の一部として、**承諾なく顔や姿を撮影されないという権利ないし法的利益**を指します。最高裁も「人は、みだりに自己の容ぼう等を撮影されないということについて法律上保護されるべき人格的利益を有する」として、肖像権を認めています。

・**KEYWORD**

新しい人権

ここまで扱ってきた**知る権利**や**プライバシーの権利**などは**新しい人権**に該当する。新しい人権は、憲法制定時には想定されていなかったものの、社会の変化に伴って徐々に認められ、確立されてきた権利である。他にも良好な環境のもとで生活するための**環境権**などもこれに該当する。

日本は難民を受け入れているの?

結論

受け入れはしているが、**その数は非常に少ない**といわれている。

Q52-1 そもそも難民は受け入れなければいけないの?

結論 難民条約により、**迫害が予想される難民は本国に戻してはならない**とされる。

難民条約とは

日本は、1951 年に採択された難民の地位に関する条約(難民条約)を **1981 年に批准**しています。この条約では、**迫害が予想される難民を本国に送還してはならない**という原則(**ノン・ルフールマン原則**)が定められています。これにより、1982 年、出入国管理令が改正され、出入国管理及び難民認定法が制定(**難民認定制度**発足)されました。

▼「批准」について

国際条約などについて「批准」した場合、国内で対応(矛盾する国内法は改正・廃止)する必要がある

⬇

対応する用意がなければ批准はできない

国際条約 —— 批准 ⟶ 国内で対応
(法の制定・改正・廃止など)

日本の難民認定数は少ない

日本の難民認定数は数十人～数百人程度となっており、これは**世界的に見ても低い数字**と言われています。ただ、**近年ではやや増加傾向にあること**も見てとれます。

▼ **令和元年～5年までの難民認定数**（法務省より）

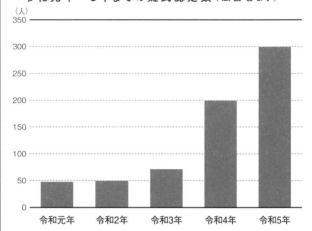

（人）
- 350
- 300
- 250
- 200
- 150
- 100
- 50
- 0

令和元年　令和2年　令和3年　令和4年　令和5年

Q52-2 難民条約があるのに、日本の認定率が低いのはなぜ？

結論 **就労目的の申請が多い**という見解がある一方、**個別把握論や手続き面のハードルの高さが一因**とする見方もある。

難民認定される難しさ

日本の難民認定率が低い理由の1つとして、「**そもそも難民として認められないような、就労目的の申請が多いからだ**」という主張があります。個人的な理由や、出稼ぎを目的として難民申請をするようなケースは申請が認められないため、こうした申請が多いと認定されにくいというものです。

その一方で、日本には**個別把握論という考え方があり、これにより認定率が下がっている**という見方もあります。**難民条約は国により解釈が分かれることもあり**、たとえば「**迫害**」とはどんな状況を指すのかなども、**見解が分かれる**とされています。また**難民認定にいたるまでの手続き面でのハードルが高い**ことも一因ではないかと言われています。

・KEYWORD

個 別 把 握 論

当該の個人が政府から個人的に把握され、狙われていなければ難民ではないという考え方。難民個人が政府から狙われているかどうかを立証するのは難しい場合が多く、日本の難民認定率が低い一因とされている。

本書の後に見てほしい オススメコンテンツ

政治の議論はどうあるべきか

・書籍『弁論術』

アリストテレス（著）・戸塚七郎（訳）、岩波書店

SNSでは左右の罵声が飛び交い、社会の分断が進んでいるように見える。そこでより良き議論とはどのようなものなのかを、古代ギリシャの哲学者アリストテレスの本から学びたい。議論にはロゴス（論理）やパトス（感情）だけでなく、エトスという信頼に基づいた関係性が重要だと同書では説いている。

自由と平等の起源について

・書籍『万物の黎明 人類史を根本からくつがえす』

デヴィッド・グレーバー・デヴィッド・ウェングロウ（著）・酒井隆史（訳）、光文社

昔は人々は小さな部族で暮らしていたが、王政などを経て社会は大きくなり、近代社会になって初めて自由や平等などの価値観を得るようになった……と私たちは学んできた。本書はその歴史観に真っ向から異を唱える。実は先史時代から人類は自由だし、自由で平等だったのだ。目からウロコの世界観とともに人類の未来について希望が抱ける力作。

知識人と一般社会の対立構図について

●書籍 『反知性主義
── アメリカが生んだ「熱病」の正体』

森本あんり（著）、新潮社

「反知性主義」という用語は「知性の足りない人たち」と誤用
されていることが多いが、本来は「知識人が特権階級になって
いることへの反発」という意味。この本来の反知性主義がアメリ
カでどう盛り上がったかを学ぶことで、民主主義の限界と可能
性について深く考えることができる。

なぜ経済格差が進行し、放置されているのか

●書籍 『資本とイデオロギー』

トマ・ピケティ（原著）・山形浩生・森本正史（訳）、みすず書房

『21世紀の資本』が世界的なベストセラーになったフランスの
経済学者トマ・ピケティによる新作。経済格差が生まれてきた
背景を古代や中世の社会にまでさかのぼり、世界中のさまざまな
国家を横断的に分析しながら論じている。千ページを越えるぶ
厚い大著だが、格差問題を学び論じるためにはこの本は避けて
は通れない。

「右」や「左」とはそもそもどういう意味か

●書籍 『イデオロギーと日本政治
── 世代で異なる保守と革新』

遠藤晶久（著／訳）・ウィリー・ジョウ（著）、新泉社

立憲民主党や共産党など政治における左派はかつて「革新」
と呼ばれ、右派寄りの自民党は「保守」と呼ばれていた。とこ
ろが現代の若者は共産党を「保守」と捉え、日本維新の会な
どを「革新」と見ている。世代によって政治に対する見方が変
わってきているということを、世論調査をもとに明快に分析して
いてわかりやすい。

安倍政権とは何だったのか

●書籍『検証 安倍政権 保守とリアリズムの政治』

アジア・パシフィック・イニシアティブ（著）、文藝春秋

故安倍晋三首相は高い支持率を誇り長期政権を樹立したが、いっぽうで野党支持者からは極端なまでに嫌われた。なぜこれほどまでに評価が分かれたのか。本書は元朝日新聞主筆の船橋洋一氏が設立した独立系シンクタンクが、膨大な関係者インタビューを行い、事実やデータをもとに安倍政権を分析。中立的な立場を貫いており、内容を信頼できる数少ない本である。

日本はファシズム国家だったのか

**●書籍『未完のファシズム
　　　　──「持たざる国」日本の運命』**

片山杜秀（著）、新潮社

戦前日本の政治体制には、ナチスのようなファシズムだったという印象を持つ人も多い。しかし本書はそのステレオタイプを真っ向から否定している。当時の日本にはヒトラーのような独裁者はおらず、逆に独裁者がいなかったがゆえに、誰もリーダーシップをとらないまま開戦へと流れていってしまったという指摘は実に説得力がある。

イスラエル・パレスチナ問題について

●書籍『イスラエル 人類史上最もやっかいな問題』

ダニエル・ソカッチ（著）・鬼澤忍（訳）、NHK出版

イスラエルのリベラルな社会活動家が書いた本書は、比較的中立にイスラエルとパレスチナの問題に踏み込んでいる。両者の関係を、古くからの歴史も踏まえて解説しており、非常に学びが多い。まずこの複雑で厄介な関係を少しでも理解するところから始めたい。

ロシアのウクライナ侵攻の背景について

●書籍『プーチンとロシア人』

木村汎 (著)、産経新聞出版

この本を読むと、ウクライナ侵攻を引き起こしたプーチン大統領が何らかのかたちで表舞台から姿を消したとしても、ロシアという風土はやはり独裁政治を求めてしまうのかもと考えさせられる。歴史的にロシア人は強い権力を求めているのだということを、自然環境や民族性、ロシアが歴史的に置かれてきた状況などから縦横に分析していて学びが多い。

社会正義について

●書籍『「社会正義」はいつも正しい』

ヘレン・プラックローズ・ジェームズ・リンゼイ (著)・
山形浩生・森本正史 (訳)、早川書房

労働者を保護し、さまざまな人々を包摂するのがリベラリズムの理想だったはずなのに、なぜか最近は表現の自由を否定したり、自分たちと意見の異なる人たちを攻撃するという「リベラル」も増えている。この不思議な現象の原因を、1980年代に一世を風靡したポストモダンの現代思想に求め、徹底的に分析。社会運動のより良き方向を改めて考えるための本。

さくいん

171

監修 塚本哲生

長年、進学校にて教鞭を執るかたわら、政治、経済の参考書・教養書を多数執筆してきた公民科教育の第一人者。主な著書に、『学研ハイベスト教科辞典（公民・現代社会）』『よくわかる高校公共』『よくわかる高校公共問題集』『ならば、マンガで説明しよう!政治・経済（監修）』など。

SPECIAL THANKS

（本書の構成にあたりご尽力いただいた皆様）

尾﨑美夕

おとん（X：@oton5964）

児玉峻

サラリーマンの書評ブログ

白水花佳

春田裕大

ぶっくま（X：@Book_Meyer）

ふんいき【本・読書・勉強好き】（Insta：real_hon_book）

ぺい（X：@payforwardman）

マグ（X：@OnebookofMAG）

籔下秀幸

やまだ_読書好き社会人（Insta：yamada__books）

やまちゃん（X：@yamachan_5LC）

らこ（X：@LACO_BOOKS）

ワンホ（X：@wanho_book）

STAFF

イラスト	芦野公平
デザイン	上坊菜々子
編　集	木村叡
販　売	深谷直樹　遠藤勇也
データ作成	株式会社ループスプロダクション
校　正	塚本哲生　株式会社ループスプロダクション
印　刷	株式会社リーブルテック